Dirk Freudenberg

Auftragstaktik und Innere Führung

Feststellungen und Anmerkungen zur Frage nach Bedeutung und Verhältnis des inneren Gefüges und der Auftragstaktik unter den Bedingungen des Einsatzes der Deutschen Bundeswehr

Standpunkte und Orientierungen: Band 2
Herausgegeben von Uwe Hartmann

Auftragstaktik und Innere Führung

Feststellungen und Anmerkungen zur Frage nach Bedeutung und Verhältnis des inneren Gefüges und der Auftragstaktik unter den Bedingungen des Einsatzes der Deutschen Bundeswehr

Dirk Freudenberg

CIP-Kurztitelaufnahme der Deutschen Nationalbibliothek:
Dirk Freudenberg, Auftragstaktik und Innere Führung. Feststellungen und Anmerkungen zur Frage nach Bedeutung und Verhältnis des inneren Gefüges und der Auftragstaktik unter den Bedingungen des Einsatzes der Deutschen Bundeswehr

Carola Hartmann Miles-Verlag, 2014
ISBN 978-3-937885-95-7

Herstellung: Books on Demand, Norderstedt

George-Caylay-Str. 38, 14089 Berlin
(email: miles-verlag@t-online.de; www.miles-verlag.jimdo.com)

Printed in Germany

Inhaltsverzeichnis

Seite

Vorbemerkung

Anfang der 1990er Jahre begannen die „scharfen“ Einsätze der Bundeswehr. Damit einher geht die Erkenntnis der Bevölkerung wie auch einer nicht geringen Anzahl von Soldaten der Bundeswehr, dass militärische Mittel wieder zu einem aktiven Instrument deutscher Außen- und Sicherheitspolitik geworden sind. Zugleich ist hiermit die Konsequenz verbunden, dass dem deutschen Volk als einer pazifizierten Gesellschaft, in der nach 1945 alle soldatischen Tugenden unterbewertet und oft als „verbrecherisch“ diffamiert wurden,[1] und auch dem deutschen Militär der „Wesenskern soldatischen Dienens“[2], die Faktizität, dass deutsche Soldaten wieder in Kriegen und militärischen Konflikten töten und getötet werden, wieder vor Augen geführt wird, ohne dass eine tiefergehende und umfassende gesellschaftliche Debatte dazu angenommen wird. Daher versucht man dem Problem dadurch aus dem Wege zu gehen, indem wieder vermehrt von „Europäischen Streitkräften“ gesprochen wird. Dabei verkennt dieser Ansatz, dass mit der Etablierung derartiger supranationaler Streitkräfte kaum die grundlegende Fragestellung, wofür eine demokratische Gemeinschaft heute Streitkräfte benötigt und effektiv einsetzt und wie dementsprechend das Innere Gefüge

---

[1] Ulrich de Maizière, Soldatische Führung – heute. Vorträge und Reden zur Aufgabe und Situation der Bundeswehr, Hamburg, Berlin 1966, S. 14

[2] Dirk Freudenberg, Zweck und Ziel militärischer Einsätze und der Wesenskern soldatischen Dienens, in: ASMZ 2007, Heft 6, S. 14f.

dieser Streitkräfte gestaltet sein muss, als solche gelöst werden kann; zugleich aber mit der Abschiebung auf die supranationale Ebene die nationale Debatte ebenfalls nicht wirklich erledigt sein wird. Zudem ist es ebenfalls kaum denkbar, dass die übrigen europäischen Nationen – insbesondere Briten, Franzosen und Italiener – ihre nationalen Interessen, deren Ausdruck nationale Streitkräfte nun einmal sind, zugunsten einer solchen Idee aufgeben würden. Diese Utopie ist bereits in den fünfziger Jahren des zwanzigsten Jahrhunderts mit dem Versuch, im Rahmen der Europäischen Verteidigungsgemeinschaft (EVG) gemeinsame Streitkräfte aufzubauen, schon einmal glänzend gescheitert.[3] Die organisatorischen Planungen und Überlegungen für die militärische Integration Europas fanden allerdings nach dem Ende der EVG Eingang in die Konzeptionen, die zur Bundeswehr führten.[4] Auf der anderen Seite findet das traditionelle deutsche Führungsdenken vor allem – aber nicht nur dort – in westlichen Streitkräften ungebrochen und ohne politische Befind-

---

[3] Vergleiche hierzu ausführlich: Ulrich de Maizière, Entstehung und Grundgedanken des Konzepts „Staatsbürger in Uniform“, in: Andreas Prüfert (Hrsg.), Innere Führung im Wandel. Zur Debatte um die Führungsphilosophie der Bundeswehr, S. 19ff.; vgl. Dirk Freudenberg, Militärische Führungsphilosophien und Führungskonzeptionen ausgewählter NATO- und WEU-Staaten im Vergleich, Baden-Baden 2005, S. 45ff.

[4] Carl-Gero von Ilsemann, Die Bundeswehr in der Demokratie. Zeit der Inneren Führung, Hamburg 1971, S. 3; vgl. Fritz Erler, Heer und Staat in der Bundesrepublik, in: Bundesministerium der Verteidigung (Hrsg.), Schicksalsfragen der Gegenwart. Handbuch politisch-historischer Bildung, 3. Bd., Tübingen 1958, S. 223ff.; 227

lichkeiten fachlich große Beachtung und professionelle Anerkennung.[5] Insofern ist mit dem vorliegenden Buch die Relevanz der inneren Einstellung und Haltung von Soldaten und der erfolgreichen Umsetzung ihres militärischen Auftrages angesprochen. Der Ansicht, dass sich die radikal gewandelte sicherheitspolitische und gesellschaftliche Realität zu Beginn des 21. Jahrhunderts mit der als Inneren Führung bezeichneten Unternehmens- und Führungsphilosophie der Bundeswehr nicht mehr in Deckung bringen lasse, weil diese von ihrem Ursprung her von einem anderen Kriegs- und Gesellschaftsbild ausgegangen sei,[6] kann nicht gefolgt werden. Denn es war doch von Beginn an das Bestreben, mit der Entwicklung eines „Inneren Gefüges" der Bundeswehr eine funktionsfähige Armee zu schaffen.[7] Die Fragestellung geht eher in die Rich-

---

[5] Vgl. Dirk Freudenberg, Militärische Führungsphilosophien und Führungskonzeptionen ausgewählter NATO- und WEU-Staaten im Vergleich, Baden-Baden 2005; vgl. Dirk Freudenberg, Die Rezeption deutschen Führungsdenkens im britischen Führungsverständnis unter besonderer Berücksichtigung von „Auftragstaktik" und „Innerer Führung", in: Clausewitzgesellschaft (Hrsg.), Jahrbuch 2009, Hamburg 2009, S. 268ff.; vgl. Dirk Freudenberg, Das britische Führungsverständnis unter besonderer Berücksichtigung deutschen Führungsdenkens, in: ÖMZ 2009, S. 61

[6] Elmar Wiesendahl, Was bleibt und was sich ändern muss an einer Inneren Führung für das 21. Jahrhundert, in: Elmar Wiesendahl (Hrsg.), Innere Führung für das 21. Jahrhundert. Die Bundeswehr und das Erbe Baudissins, Paderborn, München, Wien, Zürich 2007, S. 155ff.; 155

[7] Ulrich de Maizière, Entstehung und Grundgedanken des Konzepts „Staatsbürger in Uniform", in: Andreas Prüfert (Hrsg.), Innere Führung im Wandel. Zur Debatte um die Führungsphilosophie der Bundeswehr, S. 19ff.; 24

tung, inwieweit Innere Führung weiterhin Grundlagen, Kompass mit der Richtung und die Grenzen im Komplex von Veränderungen gibt.[8] An den Konstanten hat sich trotz des epochalen sicherheitspolitischen Wandels von 1989/90 nichts geändert; daher besteht hier auch kein grundsätzlicher Weiterentwicklungsbedarf für die Innere Führung.[9] Es wird also im Nachstehenden nicht untersucht, ob neuartige sicherheitspolitische und gesellschaftliche Rahmenbedingungen eine Anpassung an eine gewandelte Wirklichkeit verlangen.[10] Insofern ist es auch hier nicht das Anliegen, mit einem weiteren Ansatz im Sinne einer zeitgeistlichen Fortentwicklung tragfähige Konstrukte für die Gegenwart zu schaffen und dementsprechend nach Belieben an Begriff und Inhalten zu basteln, sondern durch eine Reduktion auf die wesentlichen und „harten" Faktoren und entlang der Entwicklung der zentralen Vorschriften die einsatzrelevanten, zeitlosen Determinanten im Verhältnis von Auftragstaktik und Innerer Führung herauszuarbeiten, welche auch im

---

8 Claus von Rosen, Veränderungsmanagement und Innere Führung aus Sicht von Baudissin, in: Uwe Hartmann, Claus von Rosen, Christian Walter (Hrsg.), Jahrbuch Innere Führung 2012. Der Soldatenberuf im Spagat zwischen gesellschaftlicher Integration und sui generis Ansprüchen, Berlin 2012, S. 184ff.; 187

9 Ebd., 80

10 Elmar Wiesendahl, Zur Aktualität der Inneren Führung von Baudissin für das 21. Jahrhundert, in: Elmar Wiesendahl (Hrsg.), Innere Führung für das 21. Jahrhundert. Die Bundeswehr und das Erbe Baudissins, Paderborn, München, Wien, Zürich 2007, S. 11ff.; 12

Internetzeitalter[11] und unter den Bedingungen der Vernetzten Operationsführung[12] gültig sind.

Zur Entstehung der inneren Ordnung der Bundeswehr

Nach dem Zusammenbruch Deutschlands und der Kapitulation der Deutschen Wehrmacht am 08./09. Mai 1945 wurde die Wehrmacht aufgelöst, alle militärischen Anlagen zerstört oder anderer Nutzung zugeführt, die Waffen eingezogen, alle militärischen Akten in den Bereich der Siegermächte überführt und soldatische Wertvorstellungen in Frage gestellt worden.[13] Vor allem wurde die Stellung, Bedeutung und sogar

---

[11] Zur Auftragstaktik im Internetzeitalter vergleiche: Daniel Giese, Militärische Führung im Internetzeitalter. Die Bedeutung von Strategischer Kommunikation und Social Media für Entscheidungsprozesse, Organisationsstrukturen und Führerausbildung in der Bundeswehr – Analyse und Empfehlung für eine Armee im Einsatz, Berlin 2014, S. 45ff.; vgl. Dierk Spreen, Digitalisierung und Innere Führung, in: Uwe Hartmann, Claus von Rosen, Jahrbuch Innere Führung 2014, Drohnen, Roboter und Cyborgs – Der Soldat im Angesicht neuer Militärtechnologien, Berlin 2014, S. 46ff.

[12] Vgl. Ulrich Wolf, Vernetzte Operationsführung – Das Ende der der Auftragstaktik?, in: Helmut R. Hammerlich, Uwe Hartmann, Claus von Rosen (Hrsg.), Jahrbuch Innere Führung 2010. Die Grenzen des Militärischen, Berlin 2010, S. 88f.

[13] Ulrich de Maizière, Ein Überblick. Zu Planungen und Vorbereitungen eines westdeutschen Verteidigungsbeitrages – ein Beitrag aus der Sicht eines Mitarbeiters der Dienststelle Blank, in: Bundesministerium der Verteidigung (Hrsg.), Von Himmerod bis Andernach. Schriftenreihe Innere Führung, Beiheft 4/85 zur Information für die Truppe, 1985, S. 13ff.; 13

die Notwendigkeit des Soldaten überhaupt angezweifelt.[14] Die Wiederbewaffnung Deutschlands, die sich mit der Wiederherstellung der deutschen Souveränität als von den Westmächten hervorgerufene Reaktion auf die aggressive kommunistische Haltung und die bereits 1946 begonnene Aufrüstung in der sowjetischen Besatzungszone vollzog, kam für die Menschen der in zwei Lager gespaltenen Welt unerwartet und wurde vor allem von den Bewohnern der Bundesrepublik Deutschland selbst nur allmählich begriffen.[15] Dies gilt besonders insofern, als dass sich die Bundesrepublik Deutschland im Petersberg-Abkommen vom 22.11.1949[16] verpflichtet hatte, die Entmilitarisierung aufrechtzuerhalten und die „Neubildung irgendwelcher Streitkräfte“ zu verhindern.[17] Die deutsche Entwicklung war somit durch den historischen Sonderfall gekennzeichnet, dass mit dem Ausgang des Zweiten Weltkriegs die Militärgeschichte in der Bundesrepublik

---

[14] Wolf Graf Baudissin, Die Aufgabe der Friedenssicherung, in: Bundesministerium der Verteidigung (Hrsg.), Von Himmerod bis Andernach. Schriftenreihe Innere Führung, Beiheft 4/85 zur Information für die Truppe, 1985, S. 129ff.; 129f.; vgl. Ruth Seifert, Militär – Kultur – Identität. Individualität, Geschlechterverhältnisse und die soziale Konstruktion des Soldaten, Bremen 1996, S. 113

[15] Carl-Gero von Ilsemann, Die Bundeswehr in der Demokratie. Zeit der Inneren Führung, Hamburg 1971, S. 1

[16] Vgl. Peter Barth, Günter Pfau, Karl Streif, Sicherheitspolitik und Bundeswehr, Frankfurt am Main 1981, S. 167ff.

[17] Rudolf Morsey, Ulrich de Maizière, Dietmar Schössler, Bundeswehr, in: Görres-Gesellschaft (Hrsg.), Staatslexikon. Recht. Wirtschaft. Gesellschaft, 7. Aufl., Freiburg, Basel, Wien 1995, Bd. 1, Spalte 1024ff.; 1024

Deutschland für knapp ein Jahrzehnt unterbrochen war.[18]

Als 1950 auf Grund der veränderten weltpolitischen Lage absehbar wurde, dass die Bundesrepublik Deutschland einen Verteidigungsbeitrag würde leisten müssen, wurden ausgesuchte Offiziere der früheren Wehrmacht damit beauftragt, Richtlinien für die Aufstellung von neuen deutschen Streitkräften zu erarbeiten, wobei die Herausforderung für die Planer der Bundeswehr darin lag, die für die Streitkräfte unverzichtbaren Prinzipien von hierarchischer Ordnung, Befehl und Gehorsam an das Menschenbild einer freiheitlich demokratischen Verfassung zu binden. Es galt also bei der Neubegründung des inneren Gefüges der Bundeswehr den Soldaten „von morgen mit der ihn tragenden und von ihm mitgetragenen demokratisch-freiheitlichen Lebensordnung seines Volkes bewußt zu verbinden und, anstelle staatsunterwürfigen blinden Gehorsams, den freiwilligen Gehorsam aus Einsicht zu setzen, ... ohne bewährte Erfahrungen über Bord zu werfen.“[19] Die Grundforderung war also, die neu zu schaffenden Streitkräfte so in den demokratischen Staat einzuordnen, dass sie den Maßstäben der freiheitlichen demokratischen Grundordnung unserer

---

18 Eberhart Pikart, Militär, in: Görres-Gesellschaft (Hrsg.), Staatslexikon. Recht. Wirtschaft. Gesellschaft, Bd. 3, 7. Aufl., Freiburg, Basel, Wien 1995, Spalte 1151ff.; 1155

19 Theodor Blank, Der europäische Soldat deutscher Nation, in: Bundesministerium der Verteidigung (Hrsg.), Von Himmerod bis Andernach. Schriftenreihe Innere Führung, Beiheft 4/85 zur Information für die Truppe, 1985, S. 108ff.; 116

Verfassung in vollem Umfang gerecht wurden.[20] Gleichzeitig sollte das Spannungsverhältnis zwischen Militär und Gesellschaft in der jungen Bundesrepublik Deutschland, die sich zunächst eine wehrneutrale Verfassung gegeben hatte, durch geeignete Maßnahmen in der Wehrgesetzgebung entschärft werden.[21] Dabei sollte die Bundeswehr mindestens genauso professionell sein wie ihre Vorläufer, deren militärischer Ruf unter Experten außerordentlich hoch war und ist.[22] Es wurde also versucht, die Grundprinzipien einer freiheitlich-demokratischen Verfassung mit einer effizienten militärischen Organisation vor dem Hintergrund historischer Erfahrungen in Einklang zu bringen.[23] Daher erarbeitete im Oktober 1950 eine von der Bundesregierung berufene Kommission aus ehemaligen Wehrmachtsoffizieren streng abgeschirmt in dem Eifeler Kloster Himmerod eine „Denkschrift über die Aufstellung eines deutschen Kontingents im Rahmen einer internationalen Streitmacht zur Verteidigung Westeuropas“.[24] In dem Kapitel der Himmeroder

---

[20] Ulrich A. Hundt, Innere Führung – gut für das Jahr 2000?, in: Mittler-Brief. Informationsdienst zur Sicherheitspolitik Nr. 4/ 4. Quartal 1992, S. 1ff.; 6

[21] Ebd.

[22] Wilfried von Bredow, Die Zukunft der Bundeswehr. Gesellschaft und Streitkräfte im Wandel, Opladen 1995, S. 64

[23] Hans-Martin Ottmer, Die Entwicklung deutscher Sicherheitspolitik und die Geschichte der Bundeswehr 1945-1992, Berlin, Bonn, Herford 1993, S. 31

[24] Ulrich de Maizière, Entstehung und Grundgedanken des Konzeptes des Staatsbürgers in Uniform, in: Andreas Prüfert (Hrsg.), Innere Führung im Wandel. Zur Debatte um die Führungsphilosophie der Bundeswehr, Baden-Baden 1998, S. 19ff.; 19

Denkschrift[25], welches sich mit dem Inneren Gefüge der Streitkräfte befasst, wurden politische, ethische und erzieherische Aufgaben angesprochen und dabei die Verpflichtung gegenüber dem eigenen Vaterland, aber auch gegenüber Europa betont.[26]

Der Kernbereich der Inneren Führung

Die Konzeption der Inneren Führung ist zu komplex, um in einer knappen, griffigen Formel, die auch wissenschaftlichen Erfordernissen standhalten könnte,[27] definiert zu werden.[28] Es gibt einen Widerspruch zwi-

---

25 Hans-Jürgen Rautenberg, Norbert Wiggershaus, Die „Himmeroder Denkschrift" vom Oktober 1950. Politische und militärische Überlegungen für einen Beitrag der Bundesrepublik Deutschland zur westeuropäischen Verteidigung, Karlsruhe 1977

26 Vgl. Carl-Gero von Ilsemann, Die Bundeswehr in der Demokratie. Zeit der Inneren Führung, Hamburg 1971, S. 4

27 Horst Stein, Auswirkungen von Veränderungen im humanitären Völkerrecht. Von Einflüssen der Rechtsnormen anderer Armeen und Erfahrungen aus internationalen Einsätzen auf die Inhalte der Inneren Führung, in: Andreas Prüfert (Hrsg.), Innere Führung im Wandel. Zur Debatte um die Führungsphilosophie der Bundeswehr, Baden-Baden 1998, S. 72ff.; 72. Zu den (vergeblichen) Versuchen, eine klare Begriffsdefinition zu geben vgl. bereits: Helmut Preuß, Was ist Innere Führung? Kritische Bemerkungen und Lösungsvorschläge, in: Wehrwissenschaftliche Rundschau 1976, S. 150ff.

28 Erwin Horn, Zur Situation der Inneren Führung, in: Hubertus Zuber (Hrsg.), Innere Führung in Staat, Armee und Gesellschaft, Regensburg 1981, S. 75ff.; 75; vgl. Hans-Robert Buck, Innere Führung, in: Günter Kirchhoff (Hrsg.), Handbuch zur Ökonomie der Verteidigungspolitik, Regensburg 1986, S. 346ff.; 348; vgl. Jürgen Schreiber, Innere Führung und Recht, in: NZWehrr 1990, S. 69ff.

schen der Erwartung, eine einschlägige Definition zu finden, und dem umfassenden Charakter der Inneren Führung.[29] Dementsprechend gibt es auch keine Legaldefinition,[30] sondern nur einen unbestimmten Gesetzesbegriff in § 1 Abs. 3 Satz 1 WBeauftrG, der die „Grundsätze der Inneren Führung“ aufgenommen hat. Der Begriff „Innere Führung“ sperrt sich einer exakten Definition, da sie in erster Linie Praxis und nicht Theorie ist, die die Streitkräfte programmatisch auf die Gewährleistung der demokratischen Rechtsordnung in allen Bereichen militärischen Handelns verpflichtet.[31] Die einschlägige ZDv 10/1 betont, dass die Grundsätze der Inneren Führung „… Leitlinie für die Führung von Menschen und den richtigen Umgang miteinander [sind].“[32]

Die HDv 100/900 beschrieb in der Fassung von 1990 „Innere Führung“ als die „Bezeichnung für die aus dem Grundgesetz und dessen Werteordnung abgeleitete Konzeption für die Gestaltung der Inneren Ordnung der Streitkräfte und für die Gesamtheit der

---

[29] Uwe Hartmann, Innere Führung. Erfolge und Defizite der Führungsphilosophie der Bundeswehr, Berlin 2007, S. 70

[30] Dieter Walz, Die rechtlichen Grundlagen der Konzeption der Inneren Führung, in: Heinrich O. Rümmer (Hrsg.), Innere Führung im Meinungsstreit, 2. Aufl., Großhesselohe 1984, S. 22ff.

[31] Lothar Bendel, Die Legitimität von Streitkräften im demokratischen Rechtsstaat. Thesen zur Konzeption „Innere Führung“, in: Ludwig Jacob, Heinz-Gerhard Justenhoven (Hrsg.), Wehrstruktur auf dem Prüfstand. Zur Debatte um die neue Bundeswehr, Stuttgart, Berlin, Köln 1998, S. 73ff.; 73

[32] Bundesminister der Verteidigung ZDv 10/1 Innere Führung. Selbstverständnis und Führungskultur der Bundeswehr, Berlin 2008, RN 101

Maßnahmen, die dazu dienen, diese Konzeption zu verwirklichen."[33] Folglich bilden die Inhalte und Formen der soldatischen Ordnung das „Innere Gefüge", indem sie das Zusammenwirken und Zusammenleben von Menschen mit gestufter Verantwortung in einer von der Sache her gebotenen Disziplin regeln.[34] Die Fassung der HDv 100/900 von 1998 beschrieb „Innere Führung" als „Konzeption, welche die deutschen Streitkräfte bei der Erfüllung ihres Auftrages an die Werte des Grundgesetzes bindet. Sie umfasst alle Maßnahmen zur Festigung und zur Entwicklung des Leitbildes vom Staatsbürger in Uniform, das vom Soldaten fordert, eine freie Persönlichkeit zu sein, als verantwortungsbewusster Staatsbürger zu handeln und sich für den Auftrag einsatzbereit zu halten."[35]

Insofern soll hier im Folgenden versucht werden, diese Konzeption anhand seiner Aufgabe und Bedeutung für den oben angesprochenen Zusammenhang darzustellen. Folglich liegt der Schwerpunkt der Betrachtung auf der organisationsinternen und personalen Perspektive.

---

33 Bundesminister der Verteidigung, HDv 100/900. Führungsbegriffe (TF/B), Stichwort: Innere Führung, Bonn 1990

34 Wolf Graf Baudissin, Das Innere Gefüge der Streitkräfte, in: Bundesministerium der Verteidigung (Hrsg.), Von Himmerod bis Andernach. Schriftenreihe Innere Führung, Beiheft 4/85 zur Information für die Truppe, 1985, S. 184ff.; 184

35 Bundesminister der Verteidigung, HDv 100/900. Führungsbegriffe (TF/B), Stichwort: Innere Führung, Bonn 1998

Armee in der Demokratie und demokratische Armee

Fritz Erler hat den Wesensunterschied zwischen Militär und demokratischer Gesellschaft in folgende Worte gefasst: „Die Demokratie funktioniert durch Diskussion und Abstimmung; die Armee hingegen beruht auf Befehl und Gehorsam. Es gibt auch keine demokratische Armee; es gibt nur eine Armee in der demokratischen Gesellschaft; eine Armee als treue Dienerin der demokratischen Regierungen.“[36] Sollen Streitkräfte ein wirksames Instrument sein, so funktionieren sie nach dem Prinzip von Befehl und Gehorsam.[37] Das Ordnungsprinzip von Befehl und Gehorsam steht einer demokratischen Ordnung diametral gegenüber.[38] Die festgestellte Determinante der Zusammenfassung von Macht und hierarchischer Ordnung, die sich von oben nach unten aufbaut und auf Befehl und Gehorsam beruht, schließt eine demokratische Armee folglich grundsätzlich aus. Die Eigentümlichkeiten soldatischen Dienens sind funktionsbedingt und damit nicht aufhebbar.[39] Der Anspruch auf Gehorsam im militäri-

---

[36] Fritz Erler, Demokratie in Deutschland, Stuttgart 1965, S. 145

[37] Karl Wilhelm Berkhan, Streitkräfte in der Demokratie, in: Manfred Lahnstein, Hans Matthöfer (Hrsg.), Leidenschaft zur praktischen Vernunft, Helmut Schmidt zum Siebzigsten, Berlin 1989, S. 51ff.; 51

[38] Heinrich Walle, Tradition – Floskel oder Form? Neue Wege zu alten Werten, in: Heinrich Walle (Hrsg.), Von der Friedenssicherung zur Friedensgestaltung. Deutsche Streitkräfte im Wandel, Herford, Bonn 1991, S. 233ff.; 246

[39] Bundesminister der Verteidigung (Hrsg.), Weißbuch 1970. Zur Sicherheit der Bundesrepublik Deutschland und zur Lage der Bundeswehr, Bonn 1970, RN 142

schen Führungsvorgang wird nicht dazu erhoben, um ein Unterwerfen und Beherrschen von Schwächeren zu erreichen, sondern es soll auf einen Befehl gehorcht werden, der als Instrument folgerichtiger Denkvorgänge die letzte Entscheidung zur Durchführung eines Auftrags darstellt.[40] Das Wesen des Gehorsams liegt in der Unterordnung des eigenen Willens unter den eines anderen oder unter die rechtliche Ordnung der Gemeinschaft.[41] Letztere Variante zeichnet eine Armee in der Demokratie aus.

Der Unterschied zwischen einer demokratischen Armee und einer Armee in der Demokratie wird von vielen nicht wahrgenommen;[42] nicht wenige gehen zudem davon aus, dass die Armee eigentlich moralischen Prinzipien einer fortschrittlichen Zivilisation widerstreite.[43] Der Unterschied zeigt sich in der bereits oben beschriebenen Notwendigkeit einer hierarchischen Ordnung von Streitkräften. Diese muss aller-

---

[40] Wolfhard-Dietrich Berg, Grundlagen für das Verständnis militärischer Führung, in: Wolfhard-Dietrich Berg (Hrsg.), Kooperative Führung. Der Führungsvorgang in militärischen Führungssystemen, Herford 1976, S. 13ff.; 44

[41] Fritz Faust, Die Rechte des Soldaten im Widerspruch von Freiheit und Gehorsam, in: Wehrkunde 1966, S. 195ff.; 199

[42] Vgl. Angelika Beer, Von der Inneren Führung zur Kriegsführungsfähigkeit. Der Abschied der Bundeswehr von ihrer Vergangenheit, in: Andreas Prüfert (Hrsg.), Innere Führung im Wandel. Zur Debatte um die Führungsphilosophie der Bundeswehr, Baden-Baden 1998, S. 86f.

[43] Josef Isensee, Das Recht und die Freiheit des deutschen Volkes. Legitimation und Schutzgut der Bundeswehr, in: Dieter Wellershoff (Hrsg.), Frieden ohne Macht? Sicherheitspolitik und Streitkräfte im Wandel, Bonn 1991, S. 61ff.; 61

dings verfassungsmäßigen Grundsätzen entsprechen. Insofern ist die Legitimation von Streitkräften nach demokratischem Verständnis auch Voraussetzung für die Begründung des soldatischen Dienstes.[44]

Aufgabe der Inneren Führung ist es, das Spannungsfeld konkurrierender Ziele und Anforderungen der freiheitlichen, pluralistischen Staats- und Gesellschaftsordnung der Bundesrepublik Deutschland einerseits und ihrer hierarchisch aufgebauten Armee anderseits zu bewältigen.[45] Es ist also zum einen die funktionale Effizienz gegenüber den individuellen Rechten der Soldaten abzuwägen; zum anderen steht die hierarchische Ordnung gegenüber der Beteiligung (Partizipation) der Soldaten; weiterhin ist die Disziplin gegenüber der Förderung von Mündigkeit und Eigenverantwortlichkeit der Soldaten durchzusetzen, und es gilt zugleich die ungeteilte Verantwortung des Vorgesetzten gegenüber einem kooperativen Verhalten mit der entsprechenden Delegation von Verantwortung.[46] Damit hat diese Konzeption zwei Seiten: Sie ist zum einen das Gestaltungskonzept für die Innere Ordnung

---

[44] Hans-Joachim Reeb, Legitimation von Streitkräften. Entwicklungslinien im historischen Vergleich, in: Reader Sicherheitspolitik: Die Bundeswehr vor neuen Aufgaben, 1998, Heft 10, S. 2ff.; 2

[45] Hartmut Bagger, Anforderungen an den Offizier des Heeres, Weisung des Inspekteurs des Heeres, Bonn 29.07.1994, S. 2; vgl. Erwin Horn, Zur Situation der Inneren Führung, in: Hubertus Zuber (Hrsg.), Innere Führung in Staat, Armee und Gesellschaft, Regensburg 1981, S. 75ff.; 75; vgl. Bundesminister der Verteidigung, ZDv 10/1, Innere Führung, 1993, RN 201f.

[46] Bundesminister der Verteidigung, ZDv 10/1, Innere Führung, 1993, RN 212

der Streitkräfte und die Beziehungen zwischen Bundeswehr und Gesellschaft; zum anderen ist sie eine Normenlehre für das Verhalten der Soldaten und ihren Umgang miteinander.[47] Dabei ist der Kern der Zweckbestimmung die Bindung des Soldaten an wertorientiertes Verhalten und nicht nur das Gehorchen aufgrund schlichter Befehlsgewalt.[48] Die idealtypische Zielvorstellung dieser Konzeption ist ein Soldat, der eine freie Persönlichkeit ist, der als verantwortlicher Staatsbürger handelt und sich für den Auftrag einsatzbereit hält.[49] Dabei soll der Einzelne in den Streitkräften grundsätzlich die Werte erfahren und selbst danach handeln, die er verteidigen soll, oder für die er in den Einsatz geht: Menschenwürde, Recht und Freiheit.[50] Bezogen auf die tägliche Führungspraxis will die Konzeption der Inneren Führung, die den Menschen

---

[47] Klaus Naumann, Weder Ideologie noch Quasi-Theologie. Die neue ZDv 10/1 „Innere Führung", in: IFDT 1993, Heft 4, S. Iff.; II; vgl. Oskar Hoffmann, Innere Führung '97 – eine Konzeption zwischen Bewährung und Herausforderung, in: Sicherheit und Frieden 1997, S. 135ff.; 136; vgl. Zentrum Innere Führung (Hrsg.), Führungshilfe für Vorgesetzte, Bd. 1, Menschenführung in den Streitkräften, Koblenz 1996, RN 2.1

[48] Zentrum Innere Führung (Hrsg.), Führungshilfe für Vorgesetzte, Bd. 1, Menschenführung in den Streitkräften, Koblenz 1996, RN 2.1

[49] Bundesminister der Verteidigung, ZDv 10/1, Innere Führung, 1993, RN 203

[50] Bundesministerium der Verteidigung, Bericht des Bundesministeriums der Verteidigung zur Anwendung der Konzeption der Inneren Führung oder vergleichbarer Konzeptionen in NATO-Staaten, Bonn 1997, S. 3; vgl. Deutscher Bundestag, Unterrichtung durch die Wehrbeauftragte, Jahresbericht 1988 (40. Bericht), Drucksache 14/500, 16.03.99, S. 5

nicht als „Untertan“ des Obrigkeitsstaates, sondern als Staatsbürger der Moderne sieht,[51] die Beziehungen zu Vorgesetzten, Untergebenen und Kameraden in einem Geist der Achtung und Würde regeln und prägen.[52]

Der “Staatsbürger in Uniform“

Das Leitbild des “Staatsbürgers in Uniform“ stellt sehr hohe Ansprüche an den Soldaten, denn es umfasst die Idee des Bürgers als dem natürlichen Verteidiger des Gemeinwesens, der zur Mitverantwortung für das Ganze bereit und fähig ist und der sich seiner besonderen Pflichten bewusst und seiner Rechte gewiss ist.[53] Dieses Leitbild ist getragen von verpflichtenden ethischen Maßstäben, historisch politischer Bildung, professioneller Ausbildung und zeitgemäßer Menschenführung.[54] Es knüpft mithin an die freiheitlichen Tra-

---

[51] Heinrich O. Rümmer, Einleitung. Die Konzeption der inneren Führung. Einführende Bemerkungen, in: Heinrich O. Rümmer (Hrsg.), Innere Führung im Meinungsstreit, 2. Aufl., Großhesselohe 1984, S. 7ff.; 11

[52] Ludwig Jacob, Heinz-Gerhard Justenhoven, Einleitung, in: Ludwig Jacob, Heinz-Gerhard Justenhoven (Hrsg.), Wehrstruktur auf dem Prüfstand. Zur Debatte um die neue Bundeswehr, Stuttgart, Berlin, Köln 1998, S. 5ff.; 5

[53] Dieter Stockfisch, Menschenführung in Frieden, Krise und Krieg, Hamburg, Berlin, Bonn 1997, S. 108; vgl. Helmut Willmann, Leadership. Der militärische Führer im Einsatz – Forderungen für Erziehung und Ausbildung im Heer, Denkschrift des Inspekteurs des Heeres, Bonn 25.06.1998, S. 5ff.

[54] Bundesministerium der Verteidigung, Bericht des Bundesministeriums der Verteidigung zur Anwendung der Konzeption der Inneren Führung oder vergleichbarer Konzeptionen in NATO-Staaten, Bonn 1997, S. 3

ditionen der großen Reformen in Deutschland – der preußischen Heeresreform der Jahre 1805-1815 von Scharnhorst und Clausewitz – ebenso an wie an die liberalen Ideale des bürgerlich-liberalen Parlaments der Paulskirche 1848.[55] Zwang sollte ersetzt werden durch Einsicht in den Dienst, in den Auftrag der Armee. Dem Bürgertum wurde der Einzug in militärische Führungspositionen ermöglicht, um – so die Hoffnung der Reformer – das erstrebte Bündnis zwischen der Nation, der Regierung und der Armee zu festigen.[56] Scharnhorsts Zielvorstellung war der gut geschulte, politisch und allgemein gebildete Offizier, der voll im geistigen und öffentlichen Leben stand, der weder blinden Gehorsam noch einer Gläubigkeit gegenüber der Obrigkeit erlegen, der vielmehr durch nüchterne und klare Beurteilung Teilhaber an der Verantwortung sein konnte.[57]

---

[55] Detlef Bald, Militär und Gesellschaft. Die Bundeswehr der Bonner Republik, Baden-Baden 1994, S. 56; Zur Entwicklung des Bildes des „Staatsbürgers in Uniform“: Friedrich Karl Scheel, Menschenwürde der deutschen Wehrgeschichte, in: Evangelisches Kirchenamt für die Bundeswehr (Hrsg.), Streitkräfte im Wandel. Soldat – Schutzmann für den Frieden, Hannover 1990, S.158ff.; vgl. Ruth Seifert, Militär – Kultur – Identität. Individualität, Geschlechterverhältnisse und die soziale Konstruktion des Soldaten, Bremen 1996, S. 112f.

[56] Robert Buck, Anmerkungen zur preußisch-deutschen Militärgeschichte, in: Kurt Guss (Hrsg.), Der Mensch im Mittelpunkt der Militärökonomie. Festschrift zum fünfundsechzigsten Geburtstag von Günter Kirchhoff, 1987, S. 69ff.; 83

[57] Hans-Otto Göricke, Ausbildung und Erziehung in der Bundeswehr, in: Lothar Domröse (Hrsg.), Ulrich de Maizière. Stationen eines Soldatenlebens, Herford, Bonn 1982, S. 77ff.; 78

Die Innere Führung baut demzufolge auf dem Gebiet der Menschenführung auf alten militärischen Traditionen auf.[58] Die Soldaten der Bundeswehr sollen sich in den Streitkräften als freie Staatsbürger fühlen können, gleichzeitig aber als Soldat einsatzbereit und leistungsfähig sein.[59] Dabei ist nicht gemeint, dass die Streitkräfte in einer Demokratie gezwungen seien, immer die gerade vorherrschenden Einstellungen der Bürger widerzuspiegeln und eine permanente Anpassung an den mit großer Schnelligkeit ablaufenden Wertewandel[60] erfolgen müsste, welche die wechseln-

---

58 Erwin Horn, Zur Situation der Inneren Führung, in: Hubertus Zuber (Hrsg.), Innere Führung in Staat, Armee und Gesellschaft, Regensburg 1981, S. 75ff.; 78

59 Internet vom 17.09.2014, http://www.bundeswehr.de/portal/a/bwde/!ut/p/c4/DcgxDoAgDADAt_iBdnfzF-piipTaQKrBIt-X3Ha442D0qZDrbVRwxe3UOXQIPTK8Xlk9V-LkDFKbxULCBmrGlY_U-Bop-ORl-gGxyMb-

60 Hierzu wird in der Literatur festgestellt, dass der Wertewandel ein gesamtgesellschaftliches Problem und ein wesentliches Merkmal der sich abzeichnenden postindustriellen Gesellschaft ist, der durch veränderte Erziehungsleitbilder beschleunigt wird, in denen Konformitäts- und Pflichtwerte wie Fleiß, Gehorsam, Sauberkeit an Bedeutung verlieren, während Werte wie Selbstverwirklichung, Autonomie, Teilhabe, Kreativität, menschliche Zuwendung, Lebensfreude, Offenheit, Rücksicht, Kritikfähigkeit und Selbstverantwortung stärker in den Vordergrund treten. (vgl. Michael Moerchel, Innere Führung 2000 – Die Zukunft gestalten, in: Heinrich Walle [Hrsg.], Von der Friedenssicherung zur Friedensgestaltung. Deutsche Streitkräfte im Wandel, Herford, Bonn 1991, S. 319ff.; 327) Dagegen ist die Bereitschaft, Individual- und Gruppeninteressen zugunsten der Nation zu opfern, in Deutschland kaum vorhanden. (Manfred Hättich, Kann Verfassungspatriotismus Gemeinschaft stiften?, in: Günter C. Behrmann, Sieg-

den Moden bis hin zu den hedonistischen Tendenzen unserer Zeit nachvollziehen[61] und deren Individualisierungstendenzen wiederum Auslöser für eine Erosion traditioneller Normen und Werte sind.[62] Die gegenteilige Ansicht übersieht, dass Soldaten gerade aus dem Umstand einen Teil ihrer soldatischen Würde ziehen, dass sie den Staat nicht nur als eine Institution zur Befriedigung ihrer Wünsche betrachten.[63] Dementsprechend bilden die Bürger unseres Staates eine Verantwortungsgemeinschaft, die dem Ethos der Menschenrechte und der Menschenwürde entspricht und nach innen und außen wirkt.[64] Das hier die Aussetzung der Wehrpflicht noch strategische Konsequenzen auch für die Auftragstaktik und die Innere Führung haben wird, liegt auf der Hand, auch wenn abweichend davon ausgegangen wird, dass Innere Führung und die Wehrpflicht „gut zusammenpassen", sich aber nicht

---

fried Schiele [Hrsg.], Verfassungspatriotismus als Ziel politischer Bildung?, Schwalbach 1993, S. 25ff.; 27)

61 Günter Roth, Menschenwürde und Menschenrechte in deutschen Streitkräften. Eine Problemskizze, in: Heinrich Walle (Hrsg.), Von der Friedenssicherung zur Friedensgestaltung. Deutsche Streitkräfte im Wandel, Herford, Bonn 1991, S. 211ff.; 226f.

62 Rainer Geißler, Die Sozialstruktur Deutschlands. Zur gesellschaftspolitischen Entwicklung mit einer Zwischenbilanz zur Vereinigung, 2. Aufl., Bonn 1996, S. 256

63 Günter Roth, Menschenwürde und Menschenrechte in deutschen Streitkräften. Eine Problemskizze, in: Heinrich Walle (Hrsg.), Von der Friedenssicherung zur Friedensgestaltung. Deutsche Streitkräfte im Wandel, Herford, Bonn 1991, S. 211ff.; 227

64 Bernhard Sutor, Verfassungspatriotismus – Brücke zwischen Nationalbewußtsein und universaler politischer Ethik, in: Günter C. Behrmann, Siegfried Schiele (Hrsg.), Verfassungspatriotismus als Ziel politischer Bildung?, Schwalbach 1993, S. 36ff.; 43

gegenseitig bedingen. Allerdings vollzieht diese Ansicht auch nicht den hier vertretenen Gedanken der Einheit von Innerer Führung und Führen mit Auftrag nach, erhebt aber gleichwohl die Forderung, dass die Innere Führung auch in einer Berufsarmee ihre Gültigkeit beanspruche.[65] Eine konsequent durchgesetzte Wehrpflicht erfasst den repräsentativen Querschnitt aus allen sozialen Schichten und allen Bildungsvoraussetzungen der wehrpflichtigen und wehrfähigen Bevölkerung. Folglich bedeutet ein Verzicht auf diesen repräsentativen Querschnitt einen Verzicht auf die entsprechend qualifizierten Soldaten. Es ist abwegig anzunehmen, dass Soldaten, die nicht über einen gewissen Standard an Bildungsgrundlagen verfügen, in der Lage sind, im Sinne der übergeordneten Führung zu denken und zu handeln. Das Erfassen und Umsetzen der Absicht des übergeordneten Führers erfordert gewisse geistige Fähigkeiten. Ein Verzicht auf die Wehrpflicht bedeutet gleichzeitig den Verzicht auf entsprechend qualifiziertes Personal.[66]

---

65 Hans-Christian Beck, Innere Führung 2000 - Eine erfolgreiche Konzeption vor neuen Herausforderungen, in: Uwe Hartmann, Christian Walther (Hrsg.), Der Soldat in einer Welt im Wandel. Ein Handbuch für Theorie und Praxis, München, Landsberg am Lech 1995, S. 193ff.; 197

66 Dirk Freudenberg, Militärische Führungsphilosophien und Führungskonzeptionen ausgewählter NATO- und WEU-Staaten im Vergleich, Baden-Baden 2005, S. 235

Das „aktuelle“ Problem der Inneren Führung

Auch das Innere Gefüge[67] bzw. die Innere Führung in den deutschen Streitkräften kann von verschiedenen Perspektiven betrachtet bzw. unter verschiedenen Gesichtspunkten untersucht werden. Schwerpunkt der vorliegenden Arbeit ist hier nicht die Frage nach allen inhaltlichen Einzelpunkten dieser Konzeption, sondern inwieweit sie der Einbindung der Streitkräfte in eine moderne demokratische Gesellschaft grundsätzlich dient und inwieweit die Innere Führung mit dem Führungsdenken in der deutschen Armee zusammenhängt bzw. inwieweit sie ein integraler Bestandteil dieses Führungsdenkens ist. In der Literatur wird hierzu behauptet, dass die Konzeption der Inneren Führung wenig über die Natur des Soldatenberufes enthalte.[68]

---

[67] Die Vorschrift „Innere Führung“ von 1993 spricht auch noch von der „inneren Ordnung“: vgl. Bundesminister der Verteidigung, ZDv 10/1, Innere Führung, 1993, RN 212. Die Himmeroder Denkschrift benutzt ebenfalls diesen Begriff; der Begriff „Innere Führung“ wird hier auch noch nicht erwähnt. (vgl. Hans-Jürgen Rautenberg, Norbert Wiggershaus, Die „Himmeroder Denkschrift“ vom Oktober 1950. Politische und militärische Überlegungen für einen Beitrag der Bundesrepublik Deutschland zur westeuropäischen Verteidigung, Karlsruhe 1977) Der Begriff „Innere Führung“ wurde erst 1953 verwendet und setzte sich 1957 endgültig durch. (Hans-Martin Ottmer, Die Entwicklung deutscher Sicherheitspolitik und die Geschichte der Bundeswehr 1945-1992, Berlin, Bonn, Herford 1993, S. 31)

[68] Ekkehard Guth, Der Soldatenberuf im Wandel der Jahrzehnte, in: Heinrich Walle (Hrsg.), Von der Friedenssicherung zur Friedensgestaltung. Deutsche Streitkräfte im Wandel, Herford, Bonn 1991, S. 35ff.; 59

Änderungen im soldatischen Selbstverständnis

Die Bundeswehr hatte zu Beginn der 1990er Jahre begonnen, sich mit der Anpassung ihrer Strukturen, der Aufstellung von Krisenreaktionskräften und dem Aufbau von Sondereinheiten, die im Kommando Spezialkräfte (KSK) zusammengefasst sind, den neuen Herausforderungen von Krieg und Bürgerkrieg anzupassen. Damit sind auch neue Aufträge für das Deutsche Heer, wie Krisenbewältigung im erweiterten Aufgabenspektrum, Friedensmissionen, Rettungs- und Evakuierungseinsätze einschließlich der Befreiung von Geiseln sowie Hilfeleistungen aller Art hinzugekommen.[69] Diese Einsätze haben eine andere Bedeutung als ein „normaler Krieg“, in dem ein ganzes Volk involviert ist.[70] Der Soldat muss Risiken und Gefahren tragen, auch wenn im eigenen Land tiefer Friede herrscht.[71] Der Wegfall der Wehrpflicht und die damit zwangsweise einhergehende Entfremdung der Bevölkerung von ihren Streitkräften sind der Entwicklung dieses Verständnisses nicht gerade zuträglich. Dieser Wandel im Bewusstsein bezieht die Überprüfung des

---

[69] Christian Millotat, Das deutsche Heer auf dem Weg in die Zukunft, in: Rissener Rundbrief 1999, Heft 2/3, S. 21ff.; 22; vgl. Bundesministerium der Verteidigung (Hrsg.), Bestandsaufnahme. Die Bundeswehr an der Schwelle zum 21. Jahrhundert, Bonn 1999, S. 46f.

[70] Wolf-Dieter Löser, weiland BG, General der Infanterie und Schulkommandeur der Infanterieschule in einem Gespräch mit dem Verf. am 21.06.1999 in Hammelburg

[71] Robert Buck, Die Furien des Nationalismus – eine Herausforderung für die Europäische Sicherheit, in: Siegfried Schönherr (Hrsg.), Streitkräfte, Ökonomie und Europäische Sicherheit, Dachau 1999, S. 65ff.; 71

Selbstverständnisses der Armee ein,[72] in denen bislang bis auf wenige Ansätze, wie z.B. der Ausbildungshilfe „Kriegsnah Ausbilden"[73] (ergänzt durch die Ausbildungshilfe „Üben und Schießen"[74]), die Möglichkeit eines Einsatzes weitgehend negiert wurde.[75] Den Verfassern dieser Ausbildungshilfe kam es im Wesentlichen darauf an, den Ausbildungsgrundsatz: „Die Truppenausbildung ist an den Erfordernissen des Krieges auszurichten[76], zu erläutern. Hier spiegelte sich das Mitte der achtziger Jahre mit dem Ausscheiden der letzten kriegsgedienten und -erfahrenen Offiziere ins Bewusstsein gerückte Fehlen von entsprechenden Werten für die Ausbildung der Truppe wider.[77] Diese Ansätze[78], die „Gefechtstüchtigkeit" der Truppe durch

---

72 Karl Feldmeyer, Führung einer kampfbereiten Truppe, in: FAZ vom 01.07.1998, S. 14

73 Heeresamt Abt. II 1, Kriegsnah ausbilden. Hilfen für den Gefechtsdienst aller Truppen, 1985

74 Heeresamt Abt. II 1, Üben und Schießen. Hilfen für den Gefechtsdienst, 1986

75 Vgl. Stefan J. Lang, Internationale Einsätze der Bundeswehr unter rechtlichen, politischen und militärischen Gesichtspunkten, Dissertation, Augsburg 1997, S. 214

76 Heeresamt Abt. II 1, Üben und Schießen. Hilfen für den Gefechtsdienst, 1986, S. 1

77 Vgl. Christian Millotat, Phänomene, die auf das Führen im Heer Einfluß gewinnen, in: Truppenpraxis 1986, S. 135ff.; 135; vgl. Andreas Broicher, „Nebenkriegsschauplatz". Vom Nutzen der Kriegsgeschichte für die Aus- und Weiterbildung des Offiziers, in: Truppenpraxis, 1991, S. 294, der in diesem Aufsatz die Bedeutung von Kriegserfahrungen hervorhebt.

78 Vgl. Christian Millotat, Gedanken zur Gefechtstüchtigkeit, in: Truppenpraxis 1987, S. 180ff.; vgl. Christian Millotat, Phänome-

kriegsnahe Ausbildung und Erziehung auch unter Vernachlässigung anderer Bereiche zu erhöhen, haben sich nicht durchgesetzt.

Das Selbstverständnis vieler Soldaten, das sich in der Periode des Kalten Krieges angesichts einer gewissermaßen stabilisierenden Abschreckung zum „Soldat im Frieden für den Frieden" entwickelt hat, der einen Einsatz im Gefecht aus jahrzehntelanger Gewohnheit für höchst unwahrscheinlich halten konnte, erfordert eine Neuorientierung.[79] Die Soldaten der Bundeswehr mussten seit ihrer Aufstellung mit einer scheinbaren Paradoxie leben: mit dem Konzept vom Soldaten im Frieden, der ausgebildet wird, um kämpfen zu können, damit er nicht kämpfen muss.[80] Der klassische Soldat war an Zahl und Einfluss von Militär-Technokraten und -Pädagogen zurückgedrängt worden.[81] Dabei wird

---

ne, die auf das Führen im Heer Einfluß gewinnen, in: Truppenpraxis 1986, S. 135ff.

[79] Vgl. Ulrich A. Hundt, Innere Führung – gut für das Jahr 2000?, in: Mittler-Brief. Informationsdienst zur Sicherheitspolitik Nr. 4/ 4. Quartal 1992, S. 1ff., 3; vgl. Günther Wachtler, Militärische Realitätsdeutung, in: Vierteljahresschrift für Sicherheit und Frieden 1985, Heft 3, S. 2ff.; 4

[80] Ekkehard Guth, Der Soldatenberuf im Wandel der Jahrzehnte, in: Heinrich Walle (Hrsg.), Von der Friedenssicherung zur Friedensgestaltung. Deutsche Streitkräfte im Wandel, Herford, Bonn 1991, S. 35ff.; 59; Ulrich de Maizière, Soldatische Tugenden und militärische Verantwortung in unserer Zeit, in: Eckart Busch (Hrsg.), Parlamentarische Demokratie. Bewährung und Verteidigung, Heidelberg 1984, S. 239ff.; 251

[81] Rudolf Morsey, Ulrich de Maizière, Dietmar Schössler, Bundeswehr, in: Görres-Gesellschaft (Hrsg.), Staatslexikon. Recht. Wirtschaft. Gesellschaft, Bd. 1, 7. Aufl., Freiburg, Basel, Wien 1995, Spalte 1024ff.; 1034

allerdings häufig übersehen, dass auch im alten Aufgabenspektrum der Bundeswehr vom Soldaten die Bereitschaft und Fähigkeit gefordert wurde, im äußersten Fall kämpfen zu wollen: „Wenn aber der Frieden doch von einem Angreifer gebrochen werden sollte, so müssen unsere Soldaten fähig und bereit sein, nach dem Willen der politischen Führung zu kämpfen. Tapferkeit und Disziplin werden von ihnen nicht weniger gefordert als in vergangenen Zeiten."[82] Die Möglichkeit des Kämpfenmüssens und die Tatsache, dass der tägliche Dienst an Vernichtungsmitteln höchster Qualität verrichtet wird, geriet allerdings in den Hintergrund.[83]

Trotzdem gibt es viele Soldaten, die sich heute darin bestätigt fühlen, alten Tugenden neue Geltung zu verleihen, und die somit wenig Neues im soldatischen Selbstverständnis erkennen; andere, für die die Routine einer Armee im Frieden allzu selbstverständlich geworden ist, empfinden die neuen Anforderungen als Wende und haben Umstellungsprobleme.[84] In dieser neuen Entwicklung wird nun teilweise die Gefahr ge-

---

[82] Bundesminister der Verteidigung (Hrsg.), Weißbuch 1970. Zur Sicherheit der Bundesrepublik Deutschland und zur Lage der Bundeswehr, Bonn 1970, RN 141

[83] Ekkehard Guth, Der Soldatenberuf im Wandel der Jahrzehnte, in: Heinrich Walle (Hrsg.), Von der Friedenssicherung zur Friedensgestaltung. Deutsche Streitkräfte im Wandel, Herford, Bonn 1991, S. 35ff.; 59

[84] Hans-Christian Beck, Innere Führung 2000 – Eine erfolgreiche Konzeption vor neuen Herausforderungen, in: Uwe Hartmann, Christian Walther (Hrsg.), Der Soldat in einer Welt im Wandel. Ein Handbuch für Theorie und Praxis, München, Landsberg am Lech 1995, S. 193ff.; 202

sehen, dass durch die Betonung des „Soldatischen“ die Innere Führung ihren eigentlichen Charakter verlieren werde[85] und dass im Zuge dieser Entwicklung der Stellenwert der Inneren Führung Gefahr laufe, hinter der Formel der „kriegsnahen Ausbildung“ seine Konturen zu verlieren.[86] Eine solche Sichtweise unterstellt die Unvereinbarkeit zwischen dem Staatsbürger in Uniform und einem kriegsnah ausgebildeten Soldatentyp.[87]

Paradigmenwechsel der Inneren Führung

Der oben beschriebene Paradigmenwechsel der Sicherheitspolitik hat somit auch Auswirkungen auf das Führungsverständnis der Bundeswehr. Im Spannungsverhältnis zwischen Freiheit und militärischer Ordnung, dem jede Armee unterliegt, hatte man vor der Begründung der Inneren Führung in der Bundeswehr der Ordnung die Priorität eingeräumt und der Freiheit nur soweit Raum gegeben, soweit es die Ordnung

---

[85] Angelika Beer, Von der Inneren Führung zur Kriegsführungsfähigkeit. Der Abschied der Bundeswehr von ihrer Vergangenheit, in: Andreas Prüfert (Hrsg.), Innere Führung im Wandel. Zur Debatte um die Führungsphilosophie der Bundeswehr, Baden-Baden 1998, S. 86f.; 87

[86] Bernhard Gertz, Die Entwicklung der Inneren Führung aus der Sicht des Deutschen Bundeswehr-Verbandes, in: Andreas Prüfert (Hrsg.), Innere Führung im Wandel. Zur Debatte um die Führungsphilosophie der Bundeswehr, Baden-Baden 1998, S. 13ff.; 15

[87] Vgl. Ruth Seifert, Militär – Kultur – Identität. Individualität, Geschlechterverhältnisse und die soziale Konstruktion des Soldaten, Bremen 1996, S. 129

nicht zu stören schien.[88] In der Bundeswehr sollte die Freiheit Vorrang haben und nur insoweit eingeschränkt werden, wie es die Erfüllung des Auftrages erforderte.[89] Hauptziele waren die angestrebte „Zeitgemäßheit“ und „Integration in die Gesellschaft“.[90]

Die Beteiligung deutscher Soldaten an Kampfeinsätzen stellt nun die Innere Führung und die mit ihr verbundene Auftragstaktik vor neue Herausforderungen.[91] Militärische Einsätze der Bundeswehr sind nicht mehr nur Gegenstand einer theoretischen Debatte.[92] Diese Frage gewinnt insofern an Bedeutung, als dass mit dem erweiterten Aufgabenspektrum der Bundeswehr jetzt verstärkt geäußert wird, die Innere Führung müsse sich diesen neuen Verhältnissen anpassen[93] und wandeln.[94] Eine solche Sicht der Dinge

---

88 Ulrich de Maizière, Entstehung und Grundgedanken des Konzeptes des Staatsbürgers in Uniform, in: Andreas Prüfert (Hrsg.), Innere Führung im Wandel. Zur Debatte um die Führungsphilosophie der Bundeswehr, Baden-Baden 1998, S. 19ff.; 24

89 Ulrich de Maizière, Entstehung und Grundgedanken des Konzeptes des Staatsbürgers in Uniform, in: Andreas Prüfert (Hrsg.), Innere Führung im Wandel. Zur Debatte um die Führungsphilosophie der Bundeswehr, Baden-Baden 1998, S. 19ff.; 24

90 Christian Millotat, Phänomene, die auf das Führen im Heer Einfluß gewinnen, in: Truppenpraxis 1986, S. 135ff.; 135

91 Erich Vad, weiland OTL i.G., Dr., bei BMVg FüS III 1 in einem Gespräch mit dem Verf. am 20.04.1999 in Bonn; vgl. Oskar Hoffmann, Andreas Prüfert (Hrsg.), Innere Führung 2000. Die Deutsche Führungskonzeption für eine Bundeswehr auf dem Weg ins 21. Jahrhundert, Baden-Baden 2001

92 Claire Marienfeld, Zivilcourage – Bürgermut, in: Truppenpraxis/Wehrausbildung 1999, Heft 4, S. 231ff.; 231

93 Vgl. für viele: Volker Rühe, Innere Führung heute und in Zukunft, in: Andreas Prüfert (Hrsg.), Innere Führung im Wandel.

setzt voraus, dass mit der Teilnahme an friedenserhaltenden und friedensschaffenden Missionen sich die Grundbedingungen und der Inhalt der Inneren Führung in ihrem Wesen geändert hätten. Auf die Spitze getrieben würde die Richtigkeit dieser These im Endeffekt bedeuten, dass es eine Innere Führung im Frieden und eine Innere Führung im Krieg, besser, eine Innere Führung für den Frieden und eine Innere Führung für den Krieg geben müsste. Eine solche Meinung verkennt, dass die Begründer der Inneren Führung nichts anderes wollten, als so viel wie möglich von den Kriegserfahrungen in die Friedensausbildung hinüber zu retten, mit den Grundlagen des Rechtsstaates zu verbinden, den Lebensformen der freien Gesellschaft zuzuordnen sowie den Forderungen von Kriegsbild wie -handwerk anzupassen.[95] Allen Überlegungen für die innere Struktur der neuen Streitkräfte lag dementsprechend die Erkenntnis zugrunde, dass es nicht ausreicht, einen Mann mit Waffen und Gerät auszustatten und ihn daran auszubilden; der Soldat muss auch innerlich bereit und willens sein, diese Waffen und Gerät anzuwenden, das heißt zu kämpfen und

---

Zur Debatte um die Führungsphilosophie der Bundeswehr, Baden-Baden 1998, S. 32ff.; 36f.

[94] Lothar Bendel, Die Legitimität von Streitkräften im demokratischen Rechtsstaat. Thesen zur Konzeption „Innere Führung“, in: Ludwig Jacob, Heinz-Gerhard Justenhoven (Hrsg.), Wehrstruktur auf dem Prüfstand. Zur Debatte um die neue Bundeswehr, Stuttgart, Berlin, Köln 1998, S. 73ff.; 73

[95] Wolf Graf von Baudissin, Soldat in der offenen Gesellschaft, in: Wolfram von Raven (Hrsg.), Armee gegen den Krieg. Wert und Wirkung der Bundeswehr, Stuttgart-Degerloch 1966, S. 286ff.; 294

zu schießen, wenn die Lage es erfordert.[96] Allerdings stellt sich dem militärischen Führer die Frage, ob angesichts der Beeinflussung der militärischen Ausbildung und Erziehung durch Überbetonung der dem Zeitgeist entsprechenden, gesellschaftlichen, gesellschafts-bezogenen Ausbildung seit Anfang der siebziger Jahre unsere Streitkräfte noch zu der notwendigen militärischen Einsatzfähigkeit ausgebildet und erzogen werden können.[97] Gesellschaftlicher Wandel steht im Beziehungsfeld aktueller internationaler Zusammenhänge, und als Folge der Dynamik dieses Prozesses werden vorherrschende Wertpräferenzen und Verhaltensnormen der Gesellschaft in Frage gestellt.[98] Die Streitkräfte bleiben von der Dynamik der allgemein-gesellschaftlichen Entwicklung nicht ausgeschlossen.[99] Die Innere Führung, deren Schwerpunkt seit der Aufstellung der Bundeswehr auf der Integration der Streitkräfte in die Gesellschaft, der Einfügung militärischer Macht in gesellschaftliche Strukturen und der Fürsorge für ihre Soldaten und deren Partizipation lag, erfährt nun möglicherweise eine Akzentverschiebung, vielleicht sogar eine Schwerpunktverschiebung

---

96 Ulrich de Maizière, Soldatische Führung – heute. Vorträge und Reden zur Aufgabe und Situation der Bundeswehr, Hamburg, Berlin 1966, S. 12

97 Hans-Otto Göricke, Ausbildung und Erziehung in der Bundeswehr, in: Lothar Domröse (Hrsg.), Ulrich de Maizière. Stationen eines Soldatenlebens, Herford, Bonn 1982, S. 77ff.; 78

98 Vgl. Edwin R. Micewski, Streitkräfte und gesellschaftlicher Wertewandel. Zu den gesellschaftspolitischen und militärsoziologischen Aspekten der Sicherheitspolitik, in: ÖMZ 1995, S. 251ff.; 252

99 Ebd., 254

auf die Bedingungen des Kampfes.[100] Es geht darum, Soldaten so anzuleiten, dass sie unter Belastung und Stress, Angst und Gefahr wie auch in schwierigen Grenzsituationen umsichtig und mutig handeln können, um ihren Auftrag auszuführen.[101]

Dennoch kann nicht bestritten werden, dass es gegenüber Grundprinzipien und Konstanten variable Bereiche der Inneren Führung gibt, die so gestaltet sein müssen, dass sie den Konstanten der Konzeption Innere Führung und den jeweiligen zeitgemäßen Rahmenbedingungen entsprechen.[102] Deshalb soll im Folgenden der Kernbereich der Inneren Führung dargestellt werden. Dieser Kernbereich, wie auch die variablen Bereiche, werden in der Literatur teilweise unterschiedlich definiert.[103] Kernbereich meint hier den

---

100 Erich Vad, weiland OTL i.G. Dr., bei BMVg FüS III 1 in einem Gespräch mit dem Verf. am 20.04.1999 in Bonn

101 Hans-Christian Beck, Ist die Innere Führung als deutsche Führungsphilosophie noch konkurrenzfähig?, in: Andreas Prüfert (Hrsg.), Innere Führung im Wandel. Zur Debatte um die Führungsphilosophie der Bundeswehr, Baden-Baden 1998, S. 40ff.; 45

102 Ebd., 42

103 Bernhard Gertz, Die Entwicklung der Inneren Führung aus der Sicht des Deutschen Bundeswehr-Verbandes, in: Andreas Prüfert (Hrsg.), Innere Führung im Wandel. Zur Debatte um die Führungsphilosophie der Bundeswehr, Baden-Baden 1998, S. 13ff.; 16; vgl. Hans-Christian Beck, Ist die Innere Führung als deutsche Führungsphilosophie noch konkurrenzfähig?, in: Andreas Prüfert (Hrsg.), Innere Führung im Wandel. Zur Debatte um die Führungsphilosophie der Bundeswehr, Baden-Baden 1998, S. 40ff.; 41f.; vgl. Ulrich de Maizière, Entstehung und Grundgedanken des Konzeptes des Staatsbürgers in Uniform, in: Andreas Prüfert (Hrsg.), Innere Führung im Wandel. Zur Debatte um die

Wesensgehalt, also die Inhalte, die nicht wegfallen dürften, ohne dass die Innere Führung in ihrer Grundsubstanz verändert würde. Variable Bereiche sind die mit der Inneren Führung in enger Verbindung stehenden Randbereiche, die dem Kernbereich und den jeweiligen zeitlichen Rahmenbedingungen entsprechen und jeweils so den sich ändernden Gegebenheiten angepasst werden können und müssen, dass die Innere Führung ihren Auftrag erfüllen kann und gleichzeitig ihr Wesensgehalt nicht beeinträchtigt wird. Ein Eingriff in diese Grundsubstanz würde die Mindestpositionen und somit das Wesen der Inneren Führung betreffen und ihren Bestand gefährden.

Die variablen Bereiche der Inneren Führung

Die variablen Bereiche der Inneren Führung werden, wie bereits oben angedeutet, teilweise unterschiedlich benannt. Auch die vorliegende Arbeit erhebt hier eben auf Grund dieser variablen Natur nicht den Anspruch auf vollzählige Aufzählung.

In der Literatur werden zunächst unter anderem die nachstehenden veränderlichen Größen aufgeführt: Das Bild des Soldaten entsprechend der ihm zugewiesenen Aufgabe; die Ziele der Ausbildung, die Einflüsse der Zusammenarbeit in multinationalen Verbänden; die Berücksichtigung des Lebensgefühls und des sich ändernden gesellschaftlichen Umfeldes der jeweils zum Wehrdienst heranstehenden jungen Männer; das

---

Führungsphilosophie der Bundeswehr, Baden-Baden 1998, S. 19ff.; 31

Ausmaß der Beteiligung an der Vorbereitung militärischer Entscheidungen und Menschenführung im Einsatz.[104] An anderer Stelle werden zusätzlich noch die Erweiterung des Kriegsbilds, Wehrform, Wehrgesetzgebung, soldatische Ordnung und militärische Führungsgrundsätze genannt.[105] Wesenskern deutschen militärischen Führungsdenkens ist aber das „Führen mit Auftrag“, umgangssprachlich „Auftragstaktik“ genannt. Unabdingbare Voraussetzungen für das Führen mit Auftrag sind zunächst ein gemeinsames Führungsverständnis, basierend auf einheitlichen Führungsgrundsätzen, standardisierten Operationsprinzipien und nicht zuletzt eindeutigen Begriffen.[106]

Die Absicht der übergeordneten Führung als erster Schlüsselbegriff der „Auftragstaktik“

Dass „Führen mit Auftrag“ gilt heute neben der Einheit der Führung, der unteilbaren persönlichen Ver-

---

104 Vgl. Ulrich de Maizière, Entstehung und Grundgedanken des Konzeptes des Staatsbürgers in Uniform, in: Andreas Prüfert (Hrsg.), Innere Führung im Wandel. Zur Debatte um die Führungsphilosophie der Bundeswehr, Baden-Baden 1998, S. 19ff.; 31

105 Hans-Christian Beck, Ist die Innere Führung als deutsche Führungsphilosophie noch konkurrenzfähig?, in: Andreas Prüfert (Hrsg.), Innere Führung im Wandel. Zur Debatte um die Führungsphilosophie der Bundeswehr, Baden-Baden 1998, S. 40ff.; 42

106 Vgl. Ulrich Wolf, Vernetzte Operationsführung – Das Ende der der Auftragstaktik?, in: Helmut R. Hammerlich, Uwe Hartmann, Claus von Rosen (Hrsg.), Jahrbuch Innere Führung 2010. Die Grenzen des Militärischen, Berlin 2010, S. 88f.

antwortung militärischer Führer und der Durchsetzung ihres Willens als wesentliches Merkmal militärischer Führung.[107] Wenn vor dem 1. Weltkrieg noch festgestellt wurde, dass die Auftragstaktik nicht in gleichem Maße bei der Brigade wie bei der Kompanie anzuwenden sei und so eine horizontale Trennung zwischen den Führungsebenen vollzogen wurde,[108] gilt heute das Führen mit Auftrag in der Bundeswehr für Soldaten aller Dienstgrade[109] und auf allen Führungsebenen. Damit ist auch der Soldat der untersten Ausführungsebene, der selbst keine Vorgesetzteneigenschaft und keinen nachgeordneten Bereich besitzt, eingebunden. Daher muss er den Auftrag, den sein Gruppenführer bekommen hat und der jetzt der Auftrag der Gruppe ist, kennen und verstehen, um dann, wenn der Gruppenführer ausgefallen sein sollte, diesen zu ersetzen und den Auftrag weiter auszuführen. Der Auftrag ist dabei als Befehl definiert, welcher ein in bestimmter Zeit und in einem bestimmten Raum zu erreichendes Ziel sowie gegebenenfalls die von der Führung damit verfolgte Absicht beschreibt und damit dem Empfänger weitgehende Handlungsfreiheit in der Durchführung und in der Wahl der anzuwendenden Mittel lässt und zugleich eigene Urteils- und Entschlusskraft sowie selbständiges und verantwortungs-

---

[107] Bundesminister der Verteidigung, HDV 100/200. Führungssystem der Landstreitkräfte (TF/FüSys), Bonn 2010, RN 101

[108] Otto von Moser, Ausbildung und Führung des Bataillons und Regiments. Gedanken und Vorschläge, 3. Aufl., Berlin 1912, S. 188

[109] Heinz Loquai, Die Auftragstaktik als militärische Führungskonzeption, in: Truppenpraxis 1980, S. 443ff.; 444

volles Handeln verlangt.[110] Bereits die 1933 erschienene HDv 300/1[111] betonte die Bedeutung der Mannschaften: „Vom jüngsten Soldaten aufwärts muß überall selbständiges Einsetzen der ganzen seelischen, geistigen und körperlichen Kraft gefordert werden. Nur so wird die volle Leistungsfähigkeit der Truppe in übereinstimmendem Handeln zur Geltung gebracht. Nur dann erwachsen Männer, die auch in der Stunde der Gefahr Mut und Entschlossenheit bewahren und den schwächeren Kameraden zu kühner Tat fortreißen."[112] Damit ist die Ausführungsebene als unterste Ebene der militärischen Hierarchie gleichzeitig potentielle Führungsebene. Folglich kommt hier dem Auftrag, in dem die unverkennbare Absicht des übergeordneten Führers zum Ausdruck eine zentrale Bedeutung zu.

„Der Auftrag ist das Kernstück jedes Befehls. Er bestimmt das Ziel und ist Ausgangspunkt für das Denken und Handeln des Untergebenen. Im Auftrag muß daher der Wille des Vorgesetzten unmißverständlich zum Ausdruck kommen."[113] Bereits die Vorschrift Führung und Gefecht (F.u.G). von 1921 stellte hierzu

---

[110] Bundesminister der Verteidigung, HDv 100/900. Führungsbegriffe (TF/B), Stichwort: Auftrag, Bonn 1998

[111] Zur Entwicklung der deutschen Führungsvorschriften vgl. Werner von Scheven, Die Entstehungsgeschichte der Heeresdienstvorschriften „Truppenführung" (TF) von 1933 bis heute, in: Truppenpraxis 1974, S. 352ff.

[112] Chef der Heeresleitung (Hrsg.), HDv 300/1, Truppenführung (TF) I. Teil (Abschnitt I-XIII) vom 17.10.33., Nachdruck, Herford 1943, RN 15

[113] Bundesminister der Verteidigung, HDv 100/200. Führungssystem des Heeres (TF/S), Bonn 1972, RN 354

fest: „Die Grundlage für die Führung bildet der Auftrag und die Lage. Der Auftrag bezeichnet das zu erreichende Ziel. Der Führer darf ihn nie aus dem Auge verlieren."[114] Das Prinzip beinhaltet die Delegierung eines Auftrages an die Stelle, welche über die beste Möglichkeit zur Auftragserfüllung verfügt. Es beruht auf der Erkenntnis, dass der Auftragserteilende zwar in der Lage ist, den Befehl zu erteilen und die Kräfte und Mittel bereitzustellen, dass er es aber nicht vermag, die Impulse freizusetzen, die man braucht, um gegebene militärische Aufgaben vor Ort zu lösen; Ziel ist somit die Initiative des einzelnen Soldaten bzw. der Gruppe.[115] Das Prinzip der Auftragstaktik wäre mithin ohne die Delegierung von Verantwortung im Rahmen des von oben erteilten Auftrages nicht möglich.[116] Die Heeresdienstvorschrift HDv 100/100 legt das Führen mit Auftrag als „oberstes Führungsprinzip im Heer"[117]

---

114 Reichswehrministerium, D.V. Pl. Nr. 487. Führung und Gefecht der verbundenen Waffen (F. u. G.), Berlin 1921, HDv 478. (F.u.G.), Neudruck der Ausgabe 1921-1924, Osnabrück 1994

115 Bruno Mellinger, Menschenführung im Gefecht – Ernstfall Frieden, in: Führungsakademie der Bundeswehr (Hrsg.), Anforderungen an die Innere Führung in den neunziger Jahren, Arbeitstagung vom 04. April bis 06. April 1989, Hamburg 1989, S. 344ff.; 347

116 Wolfgang Schall, Führungsgrundsätze in Armee und Industrie (I), in: Wehrkunde 1965, Heft 1, S. 10ff.; 16

117 Bundesminister der Verteidigung, HDv 100/100. Truppenführung (TF), Bonn 1998, RN 302; vgl. Bundesminister der Verteidigung, HDv 100/100. Truppenführung (TF), 2. Aufl., Bonn 1987, RN 604; 711; vgl. Christian Millotat, Das deutsche Heer auf dem Weg in die Zukunft, in: Rissener Rundbrief 1999, Heft 2/3, S. 21ff.; 28

bzw. in der aktuell gültigen Fassung für alle deutschen „Landstreitkräfte“[118] fest. Die HDv 100/200 unterstricht darüber hinaus die Bedeutung und Geltung dieses Prinzips umfassend für die deutschen Streitkräfte insgesamt.[119] „Der Auftrag gibt das Ziel, in der Regel aber nicht den Weg dorthin an.“[120]

Dieses Prinzip gilt im Krieg noch mehr als im Frieden.[121] Der militärische Führer unterrichtet über seine Absicht, setzt klare erfüllbare Ziele und stellt die erforderlichen Mittel und Kräfte bereit. Einzelheiten zur Durchführung befiehlt er nur, wenn Maßnahmen, die dem gleichen Ziel dienen, miteinander in Einklang zu bringen sind oder politische bzw. militärische Auflagen es erfordern. Unterstellten Führern gewährt er Freiheit in der Durchführung des Auftrages.[122] Damit

---

118 Bundesminister der Verteidigung, HDv 100/100. Truppenführung von Landstreitkräften (TF), Bonn 2007, RN 2002

119 Bundesminister der Verteidigung, HDV 100/200. Führungssystem der Landstreitkräfte (TF/FüSys), Bonn 2010, RN 907

120 Bundesminister der Verteidigung, HDv 100/100. Truppenführung (TF), 2. Aufl., Bonn 1987, RN 711; Die späteren Auflagen der HDv 100/100 formulieren dies nicht mehr in dieser Eindeutigkeit!

121 Christian Millotat, Zur Entwicklung des militärischen preußisch-deutschen Führungsdenkens. Das preußisch-deutsche Generalstabssystem, Ulm 1989, S. 14

122 Christian Millotat, Das Deutsche Heer auf dem Weg in die Zukunft. Die sicherheitspolitische Lage und ihre Folgen für die Bundeswehr, in: ÖMZ 1998, S. 391ff.; 396; vgl. Bundesminister der Verteidigung, HDv 100/100. Truppenführung (TF), Bonn 1998, RN 302; vgl. Bundesminister der Verteidigung, HDv 100/100. Truppenführung (TF), 2. Aufl., Bonn 1987, RN 604; vgl. Bundesminister der Verteidigung, HDv 100/100. Truppenführung von Landstreitkräften (TF), Bonn 2007, RN 2006

wird der Auftragnehmer nur da gebunden, wo dies für das Zusammenwirken mit anderen notwendig ist oder wo generelle Bestimmungen, wie zum Beispiel das Kriegsvölkerrecht oder Sicherheitsbestimmungen, dies verlangen.[123] Insofern ist die Auftragstaktik der militärische Ausdruck für den Führungsstil mit Zielvorgaben bzw. Zielsetzung.[124] Der Untergebene soll dabei so wenig wie möglich in der Durchführung seines Auftrages eingeengt werden.[125] Bereits vor dem 1. Weltkrieg wurde hierzu in der militärwissenschaftlichen Literatur festgestellt: „Die höheren Führer sollen nicht mehr befehlen, als von ihnen befohlen werden muss. Sie haben sich von jedem Eingehen auf Einzelheiten fernzuhalten und den Untergebenen die Wahl der Mittel zu überlassen."[126] Somit räumt das Prinzip „Führen mit Auftrag" den Führern aller Ebenen ein Höchstmaß an Handlungsfreiheit ein.[127] Auf diese Weise ist die Persönlichkeit des Geführten sowohl

---

123 Hans Felde, Peter May, Auftragstaktik oder Befehlstaktik? Lagebedingte Anwendung des jeweiligen Führungsbetriebs erforderlich, in: Truppenpraxis 1981, S. 91ff.; 91

124 Vgl. Rudolf Steiger, Menschenorientierte Führung. Anregungen für zivile und militärische Führungskräfte, 10. Aufl., Frauenfeld 1997, S. 111

125 Roland Zedler, Planungs- und Führungssystem in: Hubert Reinfried, Hubert F. Walitschek (Hrsg.), Die Bundeswehr – eine Gesamtdarstellung, Bd. 7, Regensburg 1978, S. 11

126 Otto von Moser, Ausbildung und Führung des Bataillons und Regiments. Gedanken und Vorschläge, 3. Aufl., Berlin 1912, S. 188

127 Christian Millotat, Zur Entwicklung des militärischen preußisch-deutschen Führungsdenkens. Das preußisch-deutsche Generalstabssystem, Ulm 1989, S. 14

rational als auch emotional in die gestellte Aufgabe mit einbezogen.[128] Der erste Schlüsselbegriff ist demzufolge zunächst die Absicht der übergeordneten Führung. Nur mit Kenntnis der Absicht seines Vorgesetzten ist es dem Unterstellten möglich, auch dann in dessen Sinne zu handeln, wenn die erhaltenen Befehle durch die Entwicklung des Gefechtes überholt sind und neue Befehle ausbleiben.[129]

Die Selbstständigkeit als zweiter Schlüsselbegriff

Damit kommt nun als zweiter Schlüsselbegriff in diesem Zusammenhang die Selbstständigkeit bzw. die Initiative zur Ausführung. Deren Bedeutung resultiert direkt aus den bereits dargestellten grundlegenden Kennzeichen des Krieges, der Ungewissheit, der Friktion und dem Chaos.[130] Die Forderung nach Selbstständigkeit oder mitdenkendem Gehorsam und Freiheit im Gehorsam zieht sich wie ein roter Faden durch die taktische Literatur und oft auch durch die Vor-

---

128 Frank A. Seethaler, Zeitgemäße Führung in Armee und Unternehmung, in: ASMZ 1982, S. 377ff.; 381

129 Stephan Leistenschneider, Normalangriff oder Freiheit der Form? Die Entstehung der Auftragstaktik im preußisch-deutschen Heer 1887-1914, unveröffentlichte Diplomarbeit an der Universität der Bundeswehr München, Neubiberg 1992, S. 102; Colmar Frhr. von der Goltz, Das Volk in Waffen. Ein Buch über das Heerwesen und Kriegsführung unserer Zeit, 5. Aufl., Berlin 1899, S. 110f.

130 Franz Uhle-Wettler, Auftragstaktik, Abschrift eines Vortrages bei der GfW am 21.05.1997 in Münster, S. 3

schriften.[131] Die Bedeutung der Selbstständigkeit oder Eigeninitiative liegt im schnellen Ausnutzen der erkannten Lage zum Vorteil des Ganzen und ist Voraussetzung für die Beherrschung schnell wechselnder Lagen.[132] „In der Selbstständigkeit der unteren Führung liegt eine durch nichts zu ersetzende Kraft.“[133] Die Selbstständigkeit, die neben dem Selbstbewusstsein der Kern der Auftragstaktik[134] ist, beinhaltet auch die Bereitschaft, im Ausnahmefall notfalls auch gegen einen veralteten Befehl zu handeln, wenn die Lage dies erfordert.[135] Die Erziehung zum selbständigen Ent-

---

131 Dirk W. Oetting, Die Grundlagen der Auftragstaktik und die Zulässigkeit eines Abweichens vom Auftrag, in: Führungsakademie der Bundeswehr (Hrsg.), Führen mit Auftrag. Führungsseminar vom 24.-27.11.1998 in Hamburg, S. 31ff.; 35

132 Stephan Leistenschneider, Normalangriff oder Freiheit der Form? Die Entstehung der Auftragstaktik im preußisch-deutschen Heer 1887-1914, unveröffentlichte Diplomarbeit an der Universität der Bundeswehr München, Neubiberg 1992, S. 95f.

133 Colmar Frhr. von der Goltz, Das Volk in Waffen. Ein Buch über das Heerwesen und Kriegsführung unserer Zeit, 5. Aufl., Berlin 1899, S. 356

134 Vgl. Inspekteur des Heeres, der ebenfalls „ ... selbständiges Handeln ... “ als „ ...Kernstück unseres Verständnisses von Führung, das wir Auftragstaktik ...nennen“, bezeichnet. (Inspekteur des Heeres [Hrsg.], Gedanken zu Fragen der Operationsführung im deutschen Heer. Herausgegeben zur Truppenführerreise 1998, 1999, S.23)

135 Vgl. Franz Uhle-Wettler, Auftragstaktik, in: Dermot Bradley, Heinz-Ludger Borgert, Wolfram Zeller (Hrsg.), MARS. Jahrbuch für Wehrpolitik und Militärwesen, Jg. 1 (1995), Osnabrück 1995, S. 422ff.; 423ff.; vgl. Helmut Feise, Rainer Jonas, Führen mit Auftrag – Auftragstaktik. Die Verantwortung des Truppenführers (1), in: Truppenpraxis 1995, S. 106ff., die fordern, den Führer

schluss gehört somit zur Tradition der preußisch-deutschen Führungslehre.[136] „Bei der Mannigfaltigkeit und dem raschen Wechsel der Situationen im Kriege ist es unmöglich, bindende Regeln zu geben; nur Grundsätze und allgemeine Gesichtspunkte können einen Anhalt geben."[137] Die Vorschrift von 1921 formuliert das folgendermaßen: „Für sein taktisches Handeln (des Führers) lassen sich Vorschriften, die für alle Fälle passen, nicht geben; sie würden zur Einseitigkeit führen, die der Mannigfaltigkeit des Krieges entgegen steht. Klare Grundsätze müssen den Führer leiten."[138] Ebenso in diesem Sinne drückt es die HDv 100/100 aus: Soldatisches Führen „verlangt dem Auftrag und der Lage angemessenes Handeln, unterliegt keinen starren Regeln, baut aber auf unverzichtbaren Grundsätzen auf."[139] Damit ist in der Selbstständigkeit auch „das Geheimnis des Erfolges zu sehen", wenn sie bis hinab zum Einzelkämpfer der Infanterie gepflegt

---

bereits in der Ausbildung in Lagen zu setzen, in denen er gezwungen ist, vom Auftrag abzuweichen.

136 Jürgen Reichardt, Ein Beispiel geben. Grundzüge der Auftragstaktik und der Dienstaufsicht in der Bundeswehr, in: FAZ vom 26.03.1998, S. 14

137 Großer Generalstab (Hrsg.), Moltkes Militärische Werke, Bd. IV, Kriegslehren, 3. Teil, Berlin 1912, S. 87

138 Reichswehrministerium, D.V. Pl. Nr. 487. Führung und Gefecht der Verbundenen Waffen (F. u. G.), Berlin 1921, HDv. 478. (F.u.G.), Neudruck der Ausgabe 1921-1924, Osnabrück 1994, RN 5

139 Bundesminister der Verteidigung, HDv 100/100. Truppenführung (TF), Bonn 1998, RN 301; vgl. Bundesminister der Verteidigung, HDv 100/100. Truppenführung von Landstreitkräften (TF), Bonn 2007, RN 3002

wird.[140] Vor allem ist hier die Initiative des militärischen Führers gefordert. „Mit Recht halten wir an dem Grundsatz fest, daß für keinen Offizier, der eine Unterlassungssünde begangen hat, die Entschuldigung gilt, daß ihm nichts befohlen gewesen sei. Passiver Gehorsam genügt uns nicht, ja nicht einmal die bloße Erfüllung des Angeordneten, wenn die Gelegenheit geboten war, mehr zu leisten."[141] Dabei kommt es den Vorschriften durchgängig darauf an, dass der Führer tatsächlich einen Entschluss ergreift; die Frage, ob dieser nun der Zweckmäßigste ist, ist in Überzeugung dessen, dass ein falscher Entschluss besser ist als gar keiner, zweitrangig: „Alle Führer müssen sich stets bewußt bleiben und ihren Untergebenen einprägen, daß Unterlassen und Versäumnis eine schwerere Belastung bilden als ein Fehlgreifen in der Wahl der Mittel."[142] Die Aufforderung an „alle Führer", den Unter-

---

140 Vgl. Gerhard Elser, Der Gruppenkommandant und die Menschenführung im Gefecht, in: Truppendienst 1995, S. 488ff.; 489; Erich von Manstein, Verlorene Siege. Erinnerungen 1939 – 1944, 13./14. Aufl., Bonn 1993, S. 57; vgl. Rüdiger von Manstein, Theodor Fuchs (Hrsg.), Erich von Manstein. Soldat im 20. Jahrhundert. Militärisch-politische Nachlese, 2. Aufl., Koblenz 1983, S. 135

141 Colmar Frhr. von der Goltz, Das Volk in Waffen. Ein Buch über das Heerwesen und Kriegsführung unserer Zeit, 5. Aufl., Berlin 1899, S. 357

142 Reichswehrministerium, D.V. Pl. Nr. 487. Führung und Gefecht der verbundenen Waffen (F. u. G.), Berlin 1921, HDv. 478. (F.u.G.), Neudruck der Ausgabe 1921-1924, Osnabrück 1994, RN 5; vgl. Chef der Heeresleitung (Hrsg.), HDv 300/1, Truppenführung (TF) I. Teil (Abschnitt I-XIII) vom 17.10.33., Nachdruck, Herford 1943, RN 15

stellten diesen Grundsatz zu vermitteln, unterstreicht noch einmal, dass sich das Führen mit Auftrag nicht auf die Führer beschränkt ist, sondern für alle Soldaten gilt. Diese Erkenntnis zieht sich in fast unverändertem Wortlaut durch alle deutschen Truppenführervorschriften. So heißt es 1921: „Die vornehmste Führereigenschaft bleibt die Verantwortungsfreudigkeit."[143] Die HDv 100/100 betont dementsprechend, dass militärische Führer „... wenn notwendig auch die Aufgaben eines anderen übernehmen oder von ihrem Auftrag abweichen [müssen], um im Sinne der Absicht der übergeordneten Führung zu handeln."[144] Das Abweichen vom Auftrag, führt immer in eine Grauzone, auch wenn es nach traditionellem Verständnis regelmäßig gebilligt oder doch wenigstens hingenommen wird, sofern es zu einem Erfolg führt.[145] Die Selbstständigkeit und der Wille zum Eingreifen aus eigener Initiative dürfen nicht verloren gehen; dieses bedingt einerseits bei den Vorgesetzten, Freiraum für selbständiges Denken und Handeln zu lassen und darüber hinaus noch die Initiative zu verlangen; anderseits verpflichtet diese Forderung den Untergebenen, diesen

143 Vgl. Reichswehrministerium, D.V. Pl. Nr. 487. Führung und Gefecht der Verbundenen Waffen (F. u. G.), Berlin 1921, HDv. 478. (F.u.G.), Neudruck der Ausgabe 1921-1924, Osnabrück 1994, RN 5

144 Bundesminister der Verteidigung, HDv 100/100. Truppenführung von Landstreitkräften (TF), Bonn 2007, RN 2009

145 Dirk W. Oetting, Auftragstaktik. Geschichte und Gegenwart einer Führungskonzeption, Frankfurt am Main, Bonn 1993, S. 233

Freiraum zu nutzen.[146] Dementsprechend erfordert die Selbständigkeit zum einen vom Vorgesetzten, dass Befehle nicht zu detailliert abgefasst werden dürfen, um den Untergebenen von vorneherein Handlungsspielraum in der Durchführung zu belassen; umgekehrt wird vom Untergebenen verlangt, den Sinn eines Befehls zu erkennen und in eigener Verantwortung diesem Sinn nach zu handeln und das auch dann, wenn eine Änderung der Lage ein Abweichen vom eigentlichen Wortlaut des Befehls richtig erscheinen lässt.[147] Die Bedeutung der Selbständigkeit liegt im schnellen Ausnutzen der erkannten Lagen zum Vorteil des Ganzen.[148] Voraussetzung dafür, Selbständigkeit und Eigeninitiative im Handeln zu fordern und zu fördern ist die Bereitschaft und Fähigkeit der Toleranz von Fehlern in der Durchführung von Aufträgen. Die HDv 100/100 führt dazu aus: „Führen mit Auftrag setzt die Bereitschaft der Vorgesetzten voraus, das Auftreten von Fehlern in der Durchführung hinzunehmen. Dies findet jedoch seine Grenzen, wenn die Erfüllung des Auftrags oder Leib und Leben von Soldaten unnötig gefährdet werden.“[149]

---

146 Dirk W. Oetting, Die Grundlagen der Auftragstaktik und die Zulässigkeit eines Abweichens vom Auftrag, in: Führungsakademie der Bundeswehr (Hrsg.), Führen mit Auftrag. Führungsseminar vom 24.-27.11.1998 in Hamburg, S. 31ff.; 36

147 Dirk W. Oetting, Auftragstaktik. Geschichte und Gegenwart einer Führungskonzeption, Frankfurt am Main, Bonn 1993, S. 15

148 Stephan Leistenschneider, Auftragstaktik im preußisch-deutschen Herr 1871 bis 1914, Hamburg, Berlin, Bonn 2002, S. 82

149 Bundesminister der Verteidigung, HDv 100/100. Truppenführung (TF), Bonn 1998, RN 302; vgl. Bundesminister der Verteidi-

Man will die Initiative eines jeden Soldaten fördern, und das ist nur möglich, wenn man Raum für die freie Entfaltung solcher Initiative im Rahmen des mitdenkenden Gehorsams schafft und der Untergebene nicht ständig Angst haben muss, etwas falsch zu machen und in eine sogenannte Normenfalle hineinzustolpern.[150] Nur so kann die Selbstständigkeit wachsen.[151]

Das Können als dritter Schlüsselbegriff

Voraussetzungen für Selbstständigkeit und Selbstbewusstsein sind allerdings die Beherrschung der Einsatzgrundsätze und -verfahren – das „militärische Handwerkszeug“ – und das Wissen um die eigenen Fähigkeiten.[152] Selbständiges Handeln kann nur Grundsatz sein, wenn es gegründet ist auf die Beherrschung des beruflichen Handwerkszeugs. Das Füh-

---

gung, HDv 100/100. Truppenführung von Landstreitkräften (TF), Bonn 2007, RN 2004

150 Dirk W. Oetting, Die Grundlagen der Auftragstaktik und die Zulässigkeit eines Abweichens vom Auftrag, in: Führungsakademie der Bundeswehr (Hrsg.), Führen mit Auftrag. Führungsseminar vom 24.–27.11.1998 in Hamburg, S. 31ff.; 35

151 Franz Uhle-Wettler, Auftragstaktik, Abschrift eines Vortrages bei der GfW am 21.05.1997 in Münster, S. 17

152 Vgl. Franz Uhle-Wettler, Auftragstaktik, in: Dermot Bradley, Heinz-Ludger Borgert, Wolfram Zeller (Hrsg.), MARS. Jahrbuch für Wehrpolitik und Militärwesen, Jg. 1 (1995), Osnabrück 1995, S. 422ff.; 423ff.; vgl. Helmut Feise, Rainer Jonas, Führen mit Auftrag – Auftragstaktik. Die Verantwortung des Truppenführers (1), in: Truppenpraxis 1995, S. 106ff.; vgl. Karl-Heinz Golla, Führen mit Auftrag (Auftragstaktik), in: Truppenpraxis 1982, S. 21ff.; 25

rungsverfahren der Auftragstaktik endete im Chaos, wenn die Beteiligten nicht vorzüglich ausgebildet wären.[153] Folglich ist das Können die Grundlage des Vertrauens und begründet eine „professionelle Glaubwürdigkeit“[154]. Dem fachlichen Können des militärischen Führers kommt somit eine „ ...ausschlaggebende Bedeutung zu.“[155] Somit ist eine hohe Qualität des Führungspersonals aller Ebenen als Ergebnis einer guten Ausbildung, intensiven Übens und Erfahrung im Einsatz, gepaart mit einem von Zuverlässigkeit, Disziplin und Selbständigkeit bestimmten Charakter von entscheidender Bedeutung.[156]

Das gegenseitige Vertrauen als vierter Schlüsselbegriff

Eine erfolgreiche Anwendung der Prinzipien der Auftragstaktik setzt somit auf der Seite der Führer die Bereitschaft und Fähigkeit der Geführten, selbständig

---

153 Franz Uhle-Wettler, Auftragstaktik, Abschrift eines Vortrages bei der GfW am 21.05.1997 in Münster, S. 17

154 Wolf-Dieter Langheld, weiland O und Kdr Pz-Brig 21, vormals Chef des Stabes MND (C) in einem Gespräch mit dem Verf. am 11.06.1999 in Augustdorf; nach der Ansicht von Riechmann ist das Können für das Führen mit Auftrag entscheidend. (Friedrich Riechmann, weiland GM, Kdr DtHKtgt u. NatBefh. i. E. in einem Gespräch mit dem Verf. am 21.09.1999 in Prizren [Kosovo])

155 Bundesminister der Verteidigung, HDv 100/200, Führungsunterstützung im Heer (TF/FU), Bonn 1998, RN 103

156 Vgl. Ulrich Wolf, Vernetzte Operationsführung – Das Ende der der Auftragstaktik?, in: Helmut R. Hammerlich, Uwe Hartmann, Claus von Rosen (Hrsg.), Jahrbuch Innere Führung 2010. Die Grenzen des Militärischen, Berlin 2010, S. 88f.; 89

und selbstverantwortlich innerhalb des gegebenen Delegationsbereiches im Sinne der übergeordneten Führung zu denken und zu handeln und die eigenen Gestaltungsmöglichkeiten auszuschöpfen, auf der Seite der Führer die Bereitschaft und Fähigkeit sachgerecht zu delegieren und insbesondere das Vertrauen des Führers in die Fähigkeit des Geführten voraus.[157]

Das Handeln im Sinne der übergeordneten Führung erfordert weiterhin, dass dieser Sinn der übergeordneten Führung, das heißt ihre Wertvorstellungen und Grundüberzeugungen, bekannt, unmissverständlich klar und verinnerlicht sind.[158] Die gemeinsame

---

[157] Heinz Loquai, Die Auftragstaktik als militärische Führungskonzeption, in: Truppenpraxis 1980, S. 443ff.; 445; vgl. Wolfgang Schall, Führungsgrundsätze in Armee und Industrie (I), in: Wehrkunde 1965, Heft 1, S. 10ff.; 16; vgl. Jürgen Reichardt, Auftragstaktik und Dienstaufsicht. Zwei Seiten derselben Medaille, in: Truppendienst 1998, S. 307ff.; 311; vgl. Jürgen Reichardt, Ein Beispiel geben. Grundzüge der Auftragstaktik und der Dienstaufsicht in der Bundeswehr, in: FAZ vom 26.03.1998, S. 14; vgl. Hartmut Bagger, Anforderungen an den Offizier des Heeres, Weisung des Inspekteurs des Heeres, Bonn 29.07.1994, S. 8; vgl. Dieter Witt, Delegation, in: Günter Kirchhoff (Hrsg.), Handbuch zur Ökonomie der Verteidigungspolitik, Regensburg 1986, S. 192ff.; 195; vgl. Cord Schwier, Über die gemeinsamen Wurzeln von Auftragstaktik und Innerer Führung, in: Führungsakademie der Bundeswehr (Hrsg.), Führen mit Auftrag. Führungsseminar vom 24.-27.11.1998 in Hamburg, S. 6ff.; 10; vgl. Vgl. Ulrich Wolf, Vernetzte Operationsführung – Das Ende der der Auftragstaktik?, in: Helmut R. Hammerlich, Uwe Hartmann, Claus von Rosen (Hrsg.), Jahrbuch Innere Führung 2010. Die Grenzen des Militärischen, Berlin 2010, S. 88f.; 89

[158] Ralf Bultschnieder, Eine stärkere Truppe. Grundlagen einer starken und systemkompatiblen menschenorientierten Führungs-

Basis, auf die der übergeordnete Führer seinen Auftrag erteilen kann, wird durch die beiderseitige umfassende Kenntnis der gültigen Führungs- und Einsatzgrundsätze für die entsprechenden Truppengattungen und Führungsebenen gebildet.[159] Diese Kenntnis und das damit verbundene Können sind somit conditio sine qua non für eine erfolgreiche Anwendung der Auftragstaktik. Daraus folgt, trotz aller Unterschiedlichkeit in Einzelfragen, die Einheitlichkeit im Denken und die daran zu knüpfende Verlässlichkeit im Handeln.[160]

Somit kommt als weiterer Schlüsselbegriff in diesem Zusammenhang das Vertrauen hinzu. Das Vertrauen zwischen Vorgesetzten und Untergebenen ist eine Voraussetzung für erfolgreiche Menschenführung – gerade auch in Belastungssituationen.[161] Die alte HDv 300/1, als Vorläufer für die heutigen Führungsvorschriften, stellte dazu fest: „Das gegenseitige Vertrauen ist die sicherste Grundlage der Mannszucht in Not und Gefahr."[162] Grundlage für das Führen mit

---

kultur, in: Uwe Hartmann, Meike Strittmatter (Hrsg.), Reform und Beteiligung. Ideen und innovative Konzepte für die Innere Führung in der Bundeswehr, 2. Aufl., Frankfurt am Main 1994, S. 64ff.; 64

159 Achim Lidsba, „Führen durch Auftrag" als Norm und Form der Führung im Heer, im Frieden wie im Krieg – Tendenzen des „Führen mit Auftrag" in Gegenwart und Zukunft, Jahresarbeit an der Führungsakademie der Bundeswehr, Hamburg 1987, S. 5

160 Ebd.

161 Bundesminister der Verteidigung, ZDv 10/1, Innere Führung, 1993, RN 309 (Steht das in der neuen ZDv nicht so drin?

162 Chef der Heeresleitung (Hrsg.), HDv 300/1, Truppenführung (TF) I. Teil (Abschnitt I-XIII) vom 17.10.33, Nachdruck, Herford 1943, RN 8

Auftrag ist das gegenseitige Vertrauen von Führern und Geführten, das den Zusammenhalt der Truppe bestimmt; aber auch das Vertrauen zur Führung sowie in die eigene Leistungsfähigkeit und Ausrüstung, das die Kampfbereitschaft fördert und die innere Widerstandskraft auch in schwierigen Lagen festigt.[163]

Vertrauen kann sich nur entwickeln, wo man sich gegenseitig achtet.[164] Vertrauen aus gegenseitiger Achtung ist somit auch die Grundlage soldatischer Ordnung[165] und Voraussetzung für die militärische Leistung.[166] Es reicht nicht aus, dass allein der Führer davon überzeugt ist, auf dem richtigen Weg zu sein; auch die Geführten müssen soweit davon überzeugt sein,

---

163 Bundesminister der Verteidigung, HDv 100/100. Truppenführung (TF), 2. Aufl., Bonn 1987, RN 621; vgl. Jürgen Reichardt, Auftragstaktik und Dienstaufsicht. Zwei Seiten derselben Medaille, in: Truppendienst 1998, S. 307ff.; 310; vgl. Rudolf Steiger, Ulrich Zwygart, Militärpädagogik. Ein Leitfaden für militärische Ausbilder und Führer, Frauenfeld 1994, S. 96f.

164 Cord Schwier, Über die gemeinsamen Wurzeln von Auftragstaktik und Innerer Führung, in: Führungsakademie der Bundeswehr (Hrsg.), Führen mit Auftrag. Führungsseminar vom 24.-27.11.1998 in Hamburg, S. 6ff.; 13

165 Vgl. Wolf Graf Baudissin, Die geistigen Grundlagen einer europäischen Armee, in: Bundesministerium der Verteidigung (Hrsg.), Von Himmerod bis Andernach. Schriftenreihe Innere Führung, Beiheft 4/85 zur Information für die Truppe, 1985, S. 144ff.; 148

166 Helmut Harff, weiland BG, Kdr DtHKtgt u. NatBefh. i. E. in einem Gespräch mit dem Verf. am 25.08.1999 in Prizren (Kosovo)

dass sie auch allein weitergehen würden und dass sie selbst Führer sein könnten.[167]

Aus der Sicht des Geführten weist das Vertrauen zwei Ebenen aus: Zum einen das Vertrauen in die Rechtmäßigkeit und Legitimität des Auftrags. Der Soldat muss wissen, wofür er kämpft. Auch wenn sich die Aufgabe der Vermittlung von Legitimität des Auftrags in erster Linie der politischen Führung stellt, muss sie aber daneben auch vor Ort durch den militärischen Führer vermittelt werden.[168] Die zweite Ebene bezeichnet das Vertrauen in den Vorgesetzten, das nur im Führungsprozess entstehen und vertieft werden kann.[169] Gerade das Bestehen des Vertrauens ist in modernen Streitkräften mit der Forderung nach mitdenkendem Gehorsam die Voraussetzung zum Wirksamwerden aller anderen soldatischen Tugenden.[170] So verlangt schon die Vorschrift „Führung und Gefecht der Verbundenen Waffen" (F. u. G.) von 1921: „Der Führer muß das Vertrauen und die Achtung seiner

---

167 Peter H. Blaschke, Führen, in: Evangelisches Kirchenamt für die Bundeswehr (Hrsg.), De officio: Zu den ethischen Herausforderungen des Offiziersberufes, Hannover 1985, S. 39ff.; 40

168 Karl-Heinz Ditzer, Vergessene Grundlagen der Menschenführung in den Streitkräften? – Zur Korrespondenz von Grundgesetz und Innerer Führung. Einige rechtsphilosophische Erwägungen, in: Klaus Heinen (Hrsg.), Bundeswehr im Umbruch?, München, Mering 1990, S. 28ff.; 37

169 Ebd.

170 Gustav-Adolf Caspar, Ethische, politische und militärische Grundlagen der Wehrmacht, in: Hans Poeppel, Wilhelm-Karl Prinz von Preußen, Karl-Günther von Hase (Hrsg.), Die Soldaten der Wehrmacht, München 1998, S. 23ff.; 39

Truppen besitzen."[171] Führung im Militär muss bei, mit und trotz Ausfall von Führungskräften und Führungsstrukturen erfolgen und daher für diese Situationen spezielle Antworten parat haben, so dass im Sinne der übergeordneten Führung auch dann weiter gehandelt wird, wenn Zwischeninstanzen oder die übergeordnete Führung selbst nicht erreichbar sind.[172] Der Geführte wird als mitdenkender und mündiger Mensch behandelt, der aus Einsicht begreift, warum, wem und wie er zu gehorchen hat.[173] „Der Wert des Führers und des Mannes bestimmen den Gefechtswert der Truppe."[174] Somit sind Humanität und Effizienz die zwei Seiten einer Medaille.[175] Demzufolge sind hier herausragende menschliche Werte und Charaktereigenschaften gefordert: „Vertrauen erwirbt, wer durch charakterliche Festigkeit, Können und Leistung überzeugt, die Würde des anderen achtet, Verständnis für

---

[171] Reichswehrministerium, D.V. Pl. Nr. 487. Führung und Gefecht der Verbundenen Waffen (F. u. G.), Berlin 1921, HDv. 478. (F.u.G.), Neudruck der Ausgabe 1921-1924, Osnabrück 1994, RN 5

[172] Claus Frhr. von Rosen, Militär, Führung im, in: Alfred Kieser, Gerhard Reber, Rolf Wunderer (Hrsg.), Handwörterbuch der Führung, Stuttgart 1987, Spalte 1448ff.; 1456

[173] Rudolf Steiger, Der Offizier als Ausbilder, Führer und Erzieher, in: Truppendienst 1988, S. 18ff.; 20

[174] Chef der Heeresleitung (Hrsg.), HDv 300/1, Truppenführung (TF) I. Teil (Abschnitt I-XIII) vom 17.10.33, Nachdruck, Herford 1943, RN 11

[175] Eckehard Kügler, „Werde Leiter Deines inneren Teams". Führungskräftetraining an der Führungsakademie der Bundeswehr, in: Truppenpraxis 1993 S. 258ff.; 258

ihn hat und Gerechtigkeit übt, aufrichtig unterrichtet sowie beherrscht, maßvoll und geduldig ist.“[176]

Die HDv 100/100 von 1998 geht hier noch mehr in die Tiefe: „Vertrauen erwirbt, wer mit Herz und Verstand führt. Wer sein Handwerk beherrscht, Verantwortung übernimmt, erfüllbare Ziele setzt, Selbstdisziplin übt, seine Soldaten mit Gerechtigkeit, Verständnis und Geduld und zutreffender Einschätzung ihres Leistungsvermögens führt, für sie sorgt, ihre Würde achtet, sie sachlich informiert, Gesprächsbereitschaft zeigt, sie als Kameraden und Ratgeber akzeptiert und ihre Leistung anerkennt, gewinnt Herz und Verstand der ihm anvertrauten Menschen.“[177] Somit ist die Aufgabe der Führung von Menschen nicht nur mit den Fähigkeiten des Verstandes zu bewältigen, sondern erfordert Herz und Charakter, wobei im Einsatz die Eigenschaften des Charakters oft schwerer wirken als die des Verstandes.[178] Nur so entsteht Kohäsion bzw. ein echter Zusammenhalt als ausschlaggebender Faktor für die Leistungsfähigkeit

---

[176] Bundesminister der Verteidigung, HDv 100/100. Truppenführung (TF), 2. Aufl., Bonn 1987, RN 621

[177] Bundesminister der Verteidigung, HDv 100/100. Truppenführung (TF), Bonn 1998, RN 306

[178] Ulrich de Maizière, Dienst für das Allgemeinwohl. Anmerkungen zum Berufsbild des Offiziers, in: Truppenpraxis / Wehrausbildung 1999, Heft 9, S. 614ff; 615; vgl. Ulrich de Maizière, Soldatische Tugenden und militärische Verantwortung in unserer Zeit, in: Eckhart Busch (Hrsg.), Parlamentarische Demokratie. Bewährung und Verteidigung, Heidelberg 1984, S. 239ff.; so auch Peer Luthmer, weiland OTL und Kdr FschJgBtl KFOR in einem Gespräch mit dem Verf. am 10.10.1999 in Prizren (Kosovo): „Charakter schlägt alles!“

der Gruppe,[179] der auch in schwierigen Lagen hält. Die aktuelle Fassung der HDV 100/100 ergänzt dementsprechend: „Vertrauen zwischen Führern und Geführten ist Voraussetzung jeden Erfolges und die Grundlage für den Zusammenhalt in Not und Gefahr.“[180] Die Auftragstaktik fordert einen zur Zusammenarbeit bereiten Soldaten, der seinen Auftrag mit inhaltlicher Vorgabe erhält, während die Ausführung im Wesentlichen ihm selbst überlassen wird.[181] Ein wesentliches Element für das Funktionieren der Auftragstaktik ist somit das gegenseitige Vertrauen von Führern und Geführten. Der Geführte muß das Vertrauen in die Fähigkeit seines militärischen Führers haben, um den von diesem gegebenen Auftrag richtig zu erfassen und umzusetzen; der militärische Führer seinerseits muß auch darauf vertrauen können, daß derjenige, der von ihm einen Auftrag bekommt, tatsächlich auch in der Lage ist, diesen selbständig auszuführen. Damit ist Voraussetzung für eine zweckmäßige und richtige Ausführung des Auftrages das fachliche Können beider Seiten, des Auftraggebers und des Auftragnehmers. Besitzen eine Seite oder beide Seiten erkennbar dieses nicht, kann auch das notwendige Vertrauen

---

179 Führungsakademie der Bundeswehr, Allgemeine Führungslehre. Teilgebiet Führungsverhalten, Themenkreis: Kurzfassung Führungsverhalten. Allgemeiner Umdruck, Hamburg 1984, S. 24

180 Bundesminister der Verteidigung, HDv 100/100. Truppenführung von Landstreitkräften (TF), Bonn 2007, RN 3018

181 Ralph Rexhausen, Das Führungskonzept in den Streitkräften am Beispiel des Heeres – Analyse und Empfehlungen, Diplomarbeit an der Hochschule der Bundeswehr, Hamburg 1979, FIZBw, DOKNR: RB 1241, S. 17

nicht vorausgesetzt werden bzw. sich nicht entwickeln. Dieses wiederum führt zur engen Anbindung der Geführten, die ihrerseits nicht mehr in der Lage sind, die Selbständigkeit zu entwickeln, die die Auftragstaktik ausmacht. Das fehlende gegenseitige Vertrauen hat nun seinerseits Auswirkungen auf das Innere Gefüge. Hieraus entsteht ein Regelkreis, der mit seinen negativen Folgen die Grundlagen des deutschen Führungsverständnisses, also das Führen mit Auftrag und die Innere Führung, auflöst und schließlich zerstört.[182]

Damit kommt dem gegenseitigen Vertrauen, dass auf der Gewissheit des Könnens beruht und dass durch gegenseitige Achtung und Respekt über die Führungsebenen hinweg bis auf die Ebene der Mannschaften gekennzeichnet ist, die entscheidende Bedeutung als weiterem Schlüsselbegriff zu. Durch die oben beschriebene Haltung von Vorgesetzten, Fehler der Untergebenen zu tolerieren, wird das gegenseitige Vertrauen zwischen Führern und Geführten ganz wesentlich verstärkt.[183]

---

182 Dirk Freudenberg, Militärische Führungsphilosophien und Führungskonzeptionen ausgewählter NATO- und WEU-Staaten im Vergleich, Baden-Baden 2005, S. 234f.

183 So auch Helmut Harff, weiland BG, Kdr DtHKtgt u. NatBefh. i. E. in einem Gespräch mit dem Verf. am 25.08.1999 in Prizren (Kosovo), der das (gegenseitige) Vertrauen für das wichtigste Element der Führung hält.

Das Spannungsverhältnis zwischen Gehorsam und Initiative

Wie zuvor dargestellt setzt also die Auftragstaktik moralische und geistige Qualitäten sowie charakterliche Stärke voraus, vor allem aber den Willen und die Fähigkeit, in nicht vorhersehbaren Situationen so zu handeln, wie der vorgesetzte Führer handeln würde, und auch zu erkennen, ob und wann ein Entschluss zu fassen ist.[184] Somit geht die Auftragstaktik grundsätzlich von gut ausgebildeten und zusammengewachsenen Truppen aus, bei denen sich die Soldaten aller Führungsebenen näher kennen, weswegen nur verhältnismäßig wenig befohlen zu werden braucht.[185]

Gerade hier liegen auch die Grenzen der Auftragstaktik: Nicht alle Soldaten sind ausreichend gut ausgebildet, um in einer hoch technisierten und spezialisierten Armee dem Anspruch angemessener Ausbildung gerecht zu werden, und somit reduziert sich das Vertrauen der Führer in die Fähigkeit der Untergebenen, die Auftragstaktik der Absicht des Führers entsprechend zu praktizieren.[186] Folglich steht und fällt die Auftragstaktik mit einer gründlichen, umfassenden

---

[184] Jürgen Reichardt, Ein Beispiel geben. Grundzüge der Auftragstaktik und der Dienstaufsicht in der Bundeswehr, in: FAZ vom 26.03.1998, S. 14

[185] Dirk W. Oetting, Die Grundlagen der Auftragstaktik und die Zulässigkeit eines Abweichens vom Auftrag, in: Führungsakademie der Bundeswehr (Hrsg.), Führen mit Auftrag. Führungsseminar vom 24.-27.11.1998 in Hamburg, S. 31ff.; 39

[186] Roland Zedler, Planungs- und Führungssystem, in: Hubert Reinfried, Hubert F. Walitschek (Hrsg.), Die Bundeswehr – eine Gesamtdarstellung, Bd. 7, Regensburg 1978, S. 12

Gefechtsausbildung[187] und der Fähigkeit, dass eigene Handeln ebenen- und situationsgerecht im Gesamtkontext eines Einsatzes einschätzen zu können. Ersteres wurde bereits vor dem 1. Weltkrieg erkannt, auch wenn in der militärischen Literatur die Auftragstaktik damals noch nicht auf die unterste Ebene übertragen wurde. „Dieses Verfahren setzt ein auf gleichmäßig hoher Stufe stehendes Offizierkorps voraus... ."[188] Zugleich ist nach den neueren Vorschriften dem nachgeordnetem Bereich weitest gehende Selbständigkeit einzuräumen. „Ein Auftrag soll dem unterstellten Führer weitgehend Freiheit in der Ausführung lassen."[189] „Die den nachgeordneten Führern gewährte Handlungsfreiheit bei der Durchführung kommt in der unmissverständlich formulierten eigenen Absicht und im Auftrag mit klaren, erfüllbaren Zielen zum Ausdruck.[190] Die HDv 100/100 von 1987 legte noch ganz verbindlich fest, dass der übergeordnete Führer lediglich dann einzugreifen hat, „wenn Mängel in der Ausführung die Verwirklichung seiner Absicht gefährden", so dass „die nachgeordneten Führer im Sinne des Ganzen selbständig handeln" können und „auf Entwicklungen der Lage unverzüglich reagieren und

---

187 Horst Hildebrandt, Führen in modernen Landstreitkräften, in: Kampftruppen 1979, S. 49ff.; 50

188 Otto von Moser, Ausbildung und Führung des Bataillons und Regiments. Gedanken und Vorschläge, 3. Aufl., Berlin 1912, S. 187

189 Bundesminister der Verteidigung, HDv 100/200. Führungssystem des Heeres (TF/S), Bonn 1972, RN 354

190 Bundesminister der Verteidigung, HDV 100/200. Führungssystem der Landstreitkräfte (TF/FüSys), Bonn 2010, RN 907

die Gunst des Augenblicks nutzen" können.[191] Gleichzeitig erlaubt und verlangt das Führen mit Auftrag, von Befehlen abzuweichen, im Extremfall gar gegen erteilte Befehle zu handeln: „Der Führer darf vom Auftrag nur dann abweichen, wenn sich die Lage grundlegend geändert hat und schnelles Handeln erfordert, ohne daß er eine Entscheidung des Vorgesetzten einholen oder abwarten kann."[192] Im Umkehrschluss heißt das: „Wo die Unterführer auf Befehle warten, wird die Gunst der Umstände niemals ausgenutzt werden."[193] „Wird ein Abweichen vom Auftrag notwendig, bleibt die Absicht der übergeordneten Handlung bestimmend für das eigene Handeln."[194] Der grundsätzliche Auftrag und die dementsprechende Absicht der übergeordneten Führung bestimmen also weiter das Handeln der nachgeordneten Führung.[195] Die „Auftragstaktik" stellt demzufolge die Absicht der übergeordneten Führung über den erhaltenen Auftrag; das Abweichen vom Auftrag darf folglich im Sinne der

---

[191] Bundesminister der Verteidigung, HDv 100/100. Truppenführung (TF), 2. Aufl., Bonn 1987, RN 604; vgl. Bundesminister der Verteidigung, HDv 100/200. Führungssystem des Heeres (TF/S), Bonn 1972, RN 354

[192] Bundesminister der Verteidigung, HDv 100/200. Führungssystem des Heeres (TF/S), Bonn 1972, RN 354; vgl. Frank A. Seethaler, Zeitgemäße Führung in Armee und Unternehmung, in: ASMZ 1982, S. 377ff.; 381

[193] Großer Generalstab (Hrsg.), Moltkes Militärische Werke, Bd. IV, Kriegslehren, 3. Teil, Berlin 1912, S. 87

[194] Bundesminister der Verteidigung, HDV 100/200. Führungssystem der Landstreitkräfte (TF/FüSys), Bonn 2010, RN 1040

[195] Vgl. Bundesminister der Verteidigung, HDv 100/100. Truppenführung von Landstreitkräften (TF), Bonn 2007, RN 17056

Absicht des übergeordneten Führers erfolgen, wenn die Lage dieses erfordert.[196] „Aufträge, die eine andere Direktion vorschreiben, sind dann der Erwägung zu unterziehen, ob sie vielleicht unter Umständen befohlen waren, die das eingetretene Gefecht nicht voraussehen ließen."[197] Dieses verdeutlicht auch die Aussage, wenn in diesem Zusammenhang von einem „... Ausschnitt aus einem Gedankengang, durch den er zu geistiger Mitarbeit bei der Erfüllung der Gefechtsaufgaben ..."[198] gesprochen wird.

Auch Moltkes Ansicht von der Selbstständigkeit der Unterführer trägt eben den Imponderabilien und Unvorhersehbarkeiten Rechnung, indem seine Lehre darauf hinweist, dass alles Handeln, unabhängig von vorhergehenden Befehlen, auf den Erfolg auszurichten ist. „In den allermeisten Fällen aber ist die auf dem Schlachtfeld geleistete Hilfe mehr wert als die Erfüllung des besonderen Auftrages; denn vor dem taktischen Siege treten alle übrigen Rücksichten in den

---

196 Franz Uhle-Wettler, Auftragstaktik, in: Truppenpraxis 1992, S. 131ff.; 135; vgl. Günter Roth, Das Verhältnis von Politik und Kriegführung in der Militär- und Kriegsgeschichte – eine Einführung, in: Hans-Martin Ottmer, Heiger Ostertag (Hrsg.), Ausgewählte Operationen und ihre militärhistorischen Grundlagen, Herford, Bonn 1993, S. 9ff.; 38, der so weit geht, das Prinzip „des Führens im Sinne der übergeordneten Absicht" mit der „Auftragstaktik" begrifflich gleichzusetzen.

197 Großer Generalstab (Hrsg.), Moltkes Militärische Werke, Bd. IV, Kriegslehren, 3. Teil, Berlin 1912, S. 87

198 Otto von Moser, Ausbildung und Führung des Bataillons und Regiments. Gedanken und Vorschläge, 3. Aufl., Berlin 1912, S. 187

Hintergrund."[199] Diese Einstellung findet sich auch noch in der F. u. G. von 1921 wieder: „Die Grundlage für die Führung bilden der Auftrag und die Lage ... Aus Auftrag und Lage entsteht der Entschluß. Wenn der Auftrag als Grundlage des Handelns nicht mehr ausreicht und durch Ereignisse überholt ist, muß der Entschluß diesen Verhältnissen Rechnung tragen. Der Führer trägt die volle Verantwortung, wenn er einen Auftrag nicht ausführt oder abändert. Stets muß er dabei im Rahmen des Ganzen handeln."[200] Mit dieser Vorschrift sollte das Recht zum Abweichen zur Pflicht werden; das Führen mit Auftrag war somit das einzig zugelassene Verfahren.[201] Es gehört auch zur Tradition deutscher Streitkräfte, Abweichungen vom Auftrag bis hin zu Befehlsverweigerungen, wenn sie einen militärischen Erfolg nach sich ziehen, mit hohen Auszeichnungen zu belohnen.[202] Damit steht der deutsche Vorgesetzte latent an der Grenze zum Ungehorsam.[203]

---

[199] Großer Generalstab (Hrsg.), Moltkes Militärische Werke, Bd. IV, Kriegslehren, 3. Teil, Berlin 1912, S. 87

[200] Reichswehrministerium, D.V. Pl. Nr. 487. Führung und Gefecht der Verbundenen Waffen (F. u. G.), Berlin 1921, HDv. 478. (F.u.G.), Neudruck der Ausgabe 1921 – 1924, Osnabrück 1994, S. 8

[201] Peter Stein, Führen durch Auftrag, in: Truppenpraxis 1985, Beiheft 1, S. 8

[202] Dieter Witt, Delegation, in: Günter Kirchhoff (Hrsg.), Handbuch zur Ökonomie der Verteidigungspolitik, Regensburg 1986, S. 192ff.; 193

[203] Cord Schwier, Über die gemeinsamen Wurzeln von Auftragstaktik und Innerer Führung, in: Führungsakademie der Bundeswehr (Hrsg.), Führen mit Auftrag. Führungsseminar vom 24.-27.11.1998 in Hamburg, S. 6ff.; 10

Dies bedeutet allerdings nicht, dass ein jeder machen kann, was er will. Auftragstaktik ist kein Synonym für schwache Führung und laissez faire.[204] Ein solches Verhalten, bei dem Vorgesetzte der unteren Ebene, die die Aufträge in praktisches Handeln umsetzen müssen, aus der Summe der zugeteilten Aufgaben diejenigen auswählen, die aus ihrer Sicht erfüllbar und am dringlichsten sind, verkehrt den Sinn der Auftragstaktik ins Gegenteil, unterhöhlt den im Soldatengesetz erhobenen Gehorsamsanspruch und gefährdet somit die Befehlstreue.[205] Somit sind die Selbstständigkeit und Eigenmächtigkeit der Unterführer klar voneinander abzugrenzen: Eigenmächtigkeit bedeutet Willkür und stellt einen Missbrauch der von den Vorschriften wie auch von den Vorgesetzten belassenen Selbstständigkeit dar.[206] Es geht also nicht um Eigeninitiative oder Selbstständigkeit an sich, sondern um ihre sinnvolle Verbindung mit ihrem scheinbarem Widerpart, dem militärischem Gehorsam und der mili-

---

204 Ebd., 9

205 Vgl. Bundesminister der Verteidigung, Führungsfähigkeit und Entscheidungsverantwortung in den Streitkräften. Bericht der Kommission des Bundesministers der Verteidigung zur Stärkung der Führungsfähigkeit und Entscheidungsverantwortung in der Bundeswehr vom 31. Oktober 1979, S. 18

206 Stephan Leistenschneider, Normalangriff oder Freiheit der Form? Die Entstehung der Auftragstaktik im preußisch-deutschen Heer 1887-1914, unveröffentlichte Diplomarbeit an der Universität der Bundeswehr München, Neubiberg 1992, S. 98; vgl. Stephan Leistenschneider, Auftragstaktik im preußisch-deutschen Herr 1871 bis 1914, Hamburg, Berlin, Bonn 2002, S. 84

tärischen Disziplin zum Wohle des Ganzen.[207] Das ist ein schwieriger Balanceakt, in dem jedes Zuviel an Disziplin jede Selbstständigkeit töten muss und umgekehrt ein Zuviel an Selbstständigkeit jede Durchsetzung des ordnenden militärischen Führungswillens in Frage stellen könnte.[208] Moltke verurteilt denn auch entschieden „... völlig willkürliches Abweichen von der Ordre de Bataille ... Aber auch wo nichts befohlen ist, ist die ursprüngliche Ordre de Bataille da, welche jedem seinen Platz anweist."[209] Der ursprüngliche Befehl soll Ordnung und vor allem Orientierung schaffen, nach dessen Sinngehalt sich bei veränderten Lagen.zu richten ist. Zudem bildet laut Clausewitz „die Ungewißheit das Element des Krieges", und dieser kann man nur mit Tatkraft der unterstellten Führer begegnen.[210] Diese Aussage unterstellt gleichzeitig, dass das Wesen des Krieges das Chaos ist. Militärisches Führen hat seit jeher auch und wohl vor allem darin bestanden, dem Chaos durch Ordnen der Kräfte entgegenzu-

---

207 Ebd., S. 93 f.

208 Dirk W. Oetting, Die Grundlagen der Auftragstaktik und die Zulässigkeit eines Abweichens vom Auftrag, in: Führungsakademie der Bundeswehr (Hrsg.), Führen mit Auftrag. Führungsseminar vom 24.-27.11.1998 in Hamburg, S. 31ff.; 35

209 Helmuth von Moltke, Memoire an seine Majestät den König vom 25. Juli 1868 über die aus der Bearbeitung des Feldzuges 1866 hervorgetretenen Erfahrungen, in: Großer Generalstab (Hrsg.), Moltkes Taktisch-Strategische Aufsätze aus den Jahren 1857 bis 1871, S. 74ff.; 75

210 Werner von Raesfeld, Führen durch Auftrag oder bindenden Befehl?, in: Wehrkunde 1960, S. 165ff.; 165

treten.[211] Demzufolge ist das erste Ziel militärischer Führung, Krisen, die nicht nur physisch, sondern auch psychisch fordernd sind, zu bewältigen.[212] Folglich ist die vornehmliche Aufgabe des Führers im Gefecht, das Chaos zu ordnen.[213] Somit ist der Krieg ein Kampf zwischen entgegengesetzten Kräften des Willens und des Geistes.[214]

Zwischenergebnis

Es ist mit dem „Führen mit Auftrag" bzw. der „Auftragstaktik" nicht nur ein bestimmter Begriffsinhalt umrissen, sondern man greift wesentlich weiter und hat mit diesen typischen Begriffen des deutschen militärischen Sprachgebrauchs eine ganze Führungsphilosophie im Sinn.[215] Eine Philosophie der taktischen

---

211 Dirk W. Oetting, Die Grundlagen der Auftragstaktik und die Zulässigkeit eines Abweichens vom Auftrag, in: Führungsakademie der Bundeswehr (Hrsg.), Führen mit Auftrag. Führungsseminar vom 24.-27.11.1998 in Hamburg, S. 31ff.; 32

212 Daniel Lätsch, Führungstechnik. Teil 1, in: ASMZ 1995, Heft 3, S. 24

213 Vgl. Headquarters Department of the Army (Hrsg.), FM 100-5, Operations, Washington D.C. 5. May 1986, S. 14

214 Franz Uhle-Wettler, Auftragstaktik, Abschrift eines Vortrages bei der GfW am 21.05.1997 in Münster, S. 3; vgl. Bundesminister der Verteidigung, HDv 100/200, Führungsunterstützung im Heer (TF/FU), Bonn 1998, RN 103

215 Dieter Brand, Plädoyer für freie Operationen, in: ÖMZ 1998, S. 151ff.; 151; vgl. Jürgen Reichardt, Auftragstaktik und Dienstaufsicht. Zwei Seiten derselben Medaille, in: Truppendienst 1998, S. 307ff.; 310; dagegen, dass gerade die Auftragstaktik eine Führungsphilosophie ist: Franz Uhle-Wettler, Auftragstaktik, in: Dermot Bradley, Heinz-Ludger Borgert, Wolfram Zeller (Hrsg.),

Gefechtsführung auf der Grundlage gleicher sittlicher und geistiger und militärischer Anschauungen.[216] Dieses Führungsprinzip verlangt Kräfte, Mittel und Zeit, um Auflagen und Bindungen eigenständig und kreativ miteinander in Verbindung zu bringen, damit das vorgegebene Ziel erreicht werden kann; dabei stehen das eigenständig verantwortliche Handeln im Sinne des Auftrags und eine straffe Hierarchie nicht im Widerspruch zueinander.[217] Auftragsorientiertes Durchsetzungsvermögen und angemessene Fürsorge sowie kameradschaftliche Zuwendung sind Schlüsselworte.[218] Weitere herausragende Merkmale dieses Führungsdenkens sind Verantwortungsfreude, Mut zum Risiko, Überraschung und klare Schwerpunktbildung.[219] Diese Merkmale sind auf alle Bereich soldatischen Dienens übertragbar. Damit bildet das „Führen mit Auftrag" bzw. die „Auftragstaktik" den Kern des deutschen

---

MARS. Jahrbuch für Wehrpolitik und Militärwesen, Jg. 1 (1995), Osnabrück 1995, S. 422ff.; 424; vgl. Franz Uhle-Wettler, Auftragstaktik, in: Truppenpraxis 1992, S. 131ff.; 132

216 Jürgen Reichardt, Ein Beispiel geben. Grundzüge der Auftragstaktik und der Dienstaufsicht in der Bundeswehr, in: FAZ vom 26.03.1998, S. 14

217 Hartmut Bagger, Führen – Erziehen – Ausbilden, in: Europäische Sicherheit 1998, Heft 2, S. 16ff.; 18

218 Helmut Harff, BG, Kdr DtHKtgt u. NatBefh. i. E., Kommandeurbrief 2/1999, Tetovo, 09.05.1999, S. 2; *ebenso:* Helmut Harff, weiland BG, Kdr DtHKtgt u. NatBefh. i. E. in einem Gespräch mit dem Verf. am 25.08.1999 in Prizren (Kosovo)

219 Andreas Broicher, Betrachtungen zum Thema „Führen und Führer", in: Dermot Bradley, Heinz-Ludger Borgert, Wolfram Zeller (Hrsg.), MARS. Jahrbuch für Wehrpolitik und Militärwesen, Jg. 1 (1995), Osnabrück 1995, S. 438ff.; 463

Führungsverständnisses.[220] Dieses Führungsverständnis berücksichtigt, dass ein Führer immer zugleich auch Geführter[221] ist, aber auch umgekehrt ein Geführter bis zur untersten Ebene auch potentieller Führer sein kann. Damit gibt es im grundsätzlichen deutschen Führungsverständnis auch keine horizontale Trennung. Dieses Führungsverständnis, das ursprünglich eine Aushilfe war, wurde erst Übung, dann Grund- und Lehrsatz und damit Führungskultur des deutschen Heeres.[222]

Das Verhältnis von Auftragstaktik und Innerer Führung

Das Konzept der Inneren Führung bzw. des Inneren Gefüges[223] als Gegenüber der sogenannten Äußeren Führung, das heißt der taktischen und strategischen

---

220 Helmut Feise, Rainer Jonas, Führen mit Auftrag – Auftragstaktik. Die Verantwortung des Truppenführers (2), in: Truppenpraxis 1995, S. 174ff.; 174

221 So auch Helmut Harff, weiland BG, Kdr DtHKtgt u. NatBefh. i. E. in einem Gespräch mit dem Verf. am 25.08.1999 in Prizren (Kosovo)

222 Georg Ortenburg, Waffe und Waffengebrauch im Zeitalter der Millionenheere, in: Georg Ortenburg (Hrsg.), Heerwesen der Neuzeit, Abteilung V, Das Zeitalter der Millionenheere, Bd. 1, Bonn 1992, S. 132

223 Diese Begriffe benutzt Graf v. Baudissin selbst synonym. (Dieter Walz, Fragen an die Begründer der Inneren Führung, in: Dieter Walz [Hrsg.], Drei Jahrzehnte Innere Führung: Grundlagen, Entwicklungen, Perspektiven, Baden-Baden 1987, S. 15ff.; 15)

Führung,[224] ist eine Führungsaufgabe aller militärischen Vorgesetzten. Auf der Grundlage des Rechtsstaatsgedankens soll sie den „Staatsbürger in Uniform" als den begrifflichen Ausdruck der in der Verfassung und in der Wehrgesetzgebung normierten, rechtsstaatlichen Ordnung schaffen. Dessen Verwirklichung erfordert eine „pädagogische Zielvorstellung" in Form einer allgemeinen militärischen Führungslehre.[225] Die ZDv 10/1 weist an, wo immer möglich vom Führen mit Auftrag Gebrauch zu machen.[226]

Innere Führung ist zudem auch eine allgemeine Aufgabe im Einsatz,[227] also eine militärische Handlung, die von allen Truppen ständig oder in Abhängigkeit von der Lage zu erfüllen ist.[228] Folglich unterstützt die Innere Führung das Führen mit Auftrag[229] und

---

224 Claus Frhr. von Rosen, Militär, Führung im, in: Alfred Kieser, Gerhard Reber, Rolf Wunderer (Hrsg.), Handwörterbuch der Führung, Stuttgart 1987, Spalte 1448ff.; 1451. Kritisch hierzu Walz, der die kongruente Gegenüberstellung von „Innerer Führung" und „Äußerer Führung" als zu „simpel" ansieht. (Dieter Walz, Die rechtlichen Grundlagen der Konzeption der Inneren Führung, in: Heinrich O. Rümmer [Hrsg.], Innere Führung im Meinungsstreit, 2. Aufl., Großhesselohe 1984, S. 22ff.; 25)

225 Hans-Jürgen Wipfelder, Wehrrecht in der Bundesrepublik Deutschland, Regensburg 1991, RN 234 f.

226 Bundesminister der Verteidigung, ZDv 10/1, Innere Führung, 1993, RN 310 Was sagt denn die aktuelle Fassung dazu?

227 Bundesminister der Verteidigung, HDv 100/900. Führungsbegriffe (TF/B), Stichwort: Innere Führung, Bonn 1990

228 Ebd.

229 Zentrum Innere Führung, Innere Führung ist unteilbar. Zur Praxis der Inneren Führung in Frieden, Krieg und Krise, FIZBw, DOKNR: KK 1046, S. 22

steht nicht im Widerspruch zu harter und einsatzorientierter Ausbildung.[230]

Die Innere Führung muss versuchen, den Soldaten auf die Situation des auf-sich-selbst-Gestelltseins vorzubereiten und für einen qualifizierten Gehorsam zu motivieren, der vom selbständigen, eigenverantwortlichen Handeln und Denken und der Bereitschaft zur Initiative gekennzeichnet ist.[231]

Die Auftragstaktik belässt dem Soldaten trotz seiner Einbindung in eine feste Hierarchie innere Unabhängigkeit; sie entspricht den Prinzipien der Inneren Führung,[232] weil sie dem Untergebenen bei der Durchführung seines Auftrages einen Freiraum zuweist, den er durch eigenverantwortliches Handeln ausfüllt.[233] Gleichzeitig trägt eine konsequent realisierte Auftragstaktik zur Selbstverwirklichung des einzelnen Soldaten bei, da ihm das Denken nicht abgenommen wird und er im Sinne des Ganzen mitdenkt und so in der Lage ist, seinen kleinen Bereich als unverzichtbaren Be-

---

230 Manfred Schriever, Im Frieden für den Ernstfall ausbilden: Die Ausbildung zum Führen im Gefecht, in: Impulse 1993, FIZBw, DOKNR: BC 0039, S. 26

231 Emil Huber, Die Grenzen der Gehorsamspflicht des Soldaten, Dissertation, Göttingen 1973, S. 11

232 Bundesminister der Verteidigung, Führungsfähigkeit und Entscheidungsverantwortung in den Streitkräften. Bericht der Kommission des Bundesministers der Verteidigung zur Stärkung der Führungsfähigkeit und Entscheidungsverantwortung in der Bundeswehr vom 31. Oktober 1979, S. 22

233 Führungsakademie der Bundeswehr, Allgemeine Führungslehre. Teilgebiet Führungsverhalten, Themenkreis: Kurzfassung Führungsverhalten. Allgemeiner Umdruck, Hamburg 1984, S. 44

standteil für das Ganze einzuordnen.[234] Führen durch Auftrag ist das Mittel, sowohl den Handlungsspielraum des Untergebenen und seine Individualität zu erhalten, als auch beweglich den Friktionen in der Menschenführung im Gefecht begegnen zu können.[235] Die Auftragstaktik wird also nicht nur sichtbar in der Art des Befehlens, sondern sie formt ein Bewusstsein, das geprägt ist vom Vertrauen in die Haltung, das Können und die Leistungsfähigkeit des Untergebenen.[236] Die Auftragstaktik als die Führungsmethode für mitdenkende, innerlich freie und loyale Geführte[237] ist also untrennbar mit den Grundsätzen der Inneren Führung und dem Leitbild des mündigen Bürgers in Uniform, der seinen Dienst in der Armee einer Demokratie leistet, verbunden.[238] Auftragstaktik und das

---

234 Holger Bahle, Vertrauen und Gewissen als Elemente einer Ethik des Führens. Ein Beitrag zur systematischen Erschließung der Problemfelder militärischen Führens. Dissertation, Hamburg 1989, S. 27

235 Vgl. Erich Vad, Carl von Clausewitz – Eine militärische Lehre. Untersuchungen zur Bedeutung Clausewitz' für die Truppenführung von heute, Dissertation, Münster (Westf.) 1983, S. 153

236 Siegfried Storbeck, Mitdenken in geistiger Beweglichkeit. Ein Divisionskommandeur an seine Kommandeure, in: Europäische Wehrkunde – Wehrwissenschaftliche Rundschau 1985, S. 608ff.; 610

237 Dieter Wellershoff, Führen. Wollen, Können, Verantworten, Bonn 1997, S. 80; vgl. Dieter Wellershoff, Benötigt wird der Wille zum Führen, in: DIE WELT vom 18.03.1997, S. 4; vgl. Hartmut Bagger, Anforderungen an den Offizier des Heeres, Weisung des Inspekteurs des Heeres, Bonn 29.07.1994, S. 8

238 Christian Millotat, Das Deutsche Heer auf dem Weg in die Zukunft. Die sicherheitspolitische Lage und ihre Folgen für die Bundeswehr, in: ÖMZ 1998, S. 391ff.; 395; vgl. Hartmut Bagger,

Menschenbild vom mündigen Staatsbürger fordern somit den mitdenkenden Gehorsam.[239]

Weiterhin entsprechen das persönliche Können, der Selbstwert sowie die Individualität sowohl des Führers in dessen Führungskunst als auch der mitdenkende Gehorsam des Geführten ebenso dem abendländischen Menschenbild und sind rechtlich abgesichert im Soldatengesetz.[240] Folglich ist das „Führen mit Auftrag" wegen seiner Vielschichtigkeit und seiner engen Verbindung zur Inneren Führung mehr als eine Art Anordnungs- oder Befehlstechnik, die dem Aus-

---

Führen – Erziehen – Ausbilden, in: Europäische Sicherheit 1998, Heft 2, S. 16ff.; 17f.; vgl. Oskar Hoffmann, Die Beteiligung der Bundeswehr an der Friedensaufgabe der Vereinten Nationen, in: Uwe Hartmann, Christian Walther (Hrsg.), Der Soldat in einer Welt im Wandel. Ein Handbuch für Theorie und Praxis, München, Landsberg am Lech 1995, S. 98ff.; 106; vgl. Siegfried Storbeck, Mitdenken in geistiger Beweglichkeit. Ein Divisionskommandeur an seine Kommandeure, in: Europäische Wehrkunde – Wehrwissenschaftliche Rundschau 1985, S 608ff.; 610

239 Gerhard Elser, Der Gruppenkommandant und die Menschenführung im Gefecht, in: Truppendienst 1995, S. 488ff.; 490. Bereits die Himmeroder Denkschrift hatte in Bezug auf die Ausbildung der künftigen deutschen Soldaten, dass „durch die Ausbildung von gut geschulten, selbständig denkenden und handelnden Soldaten jene Überlegenheit über den sowjetischen Soldaten erreicht werden kann und muß, die in der Zahl nicht erreicht werden kann" (Hans-Jürgen Rautenberg, Norbert Wiggershaus, Die „Himmeroder Denkschrift" vom Oktober 1950. Politische und militärische Überlegungen für einen Beitrag der Bundesrepublik Deutschland zur westeuropäischen Verteidigung, Karlsruhe 1977, S. 49f.)

240 Claus Frhr. von Rosen, Militär, Führung im, in: Alfred Kieser, Gerhard Reber, Rolf Wunderer (Hrsg.), Handwörterbuch der Führung, Stuttgart 1987, Spalte 1448ff.; 1456

führenden Handlungsspielräume gibt,[241] sondern eine Führungsphilosophie,[242] abgeleitet aus dem Menschenbild des selbständigen, mitdenkenden, motivierten und verantwortlichen Soldaten[243]. Sie wird zu einer Führungskonzeption[244] durch glaubwürdiges Umsetzen der Inneren Führung.[245] „Führen mit Auftrag" ist in der Bundeswehr die „Norm und Form" der Führung in Krieg und Frieden; mithin ist sie das Führungsprinzip der Bundeswehr,[246] das maßgebend für

---

241 Übereinstimmend mit diesem Ergebnis: Kaufhold, Führung in der Bundeswehr in den 90er Jahren, in: Führungsakademie der Bundeswehr (Hrsg.), Anforderungen an die Innere Führung in den neunziger Jahren, Arbeitstagung vom 04. April bis 06. April 1989, Hamburg 1989, S. 469ff.; 470; vgl. John T. Nelsen, Auftragstaktik. Argumente für die zentrale Gefechtsführung, Originaltitel: Auftragstaktik: A Case for Decentralized Battle, in: Parameters 1987, Heft 3, S. 21ff., FIZBw, DOKNR: DD 2365, S. 10

242 Vgl. Bernd Walter, Führen durch Auftrag. Anmerkungen zu einem Prinzip, in: ASMZ 1989, S. 19ff.; 20

243 Kaufhold, Führung in der Bundeswehr in den 90er Jahren, in: Führungsakademie der Bundeswehr (Hrsg.), Anforderungen an die Innere Führung in den neunziger Jahren, Arbeitstagung vom 04. April bis 06. April 1989, Hamburg 1989, S. 469ff.; vgl. Dieter Wellershoff, Führen mit Auftrag „Unverzichtbare Kernelemente, Grenzen und Versuchungen", in: Führungsakademie der Bundeswehr (Hrsg.), Führen mit Auftrag. Führungsseminar vom 24.-27.11.1998 in Hamburg, S. 51ff.; 55

244 Diesen Begriff benutzt u. a. Oetting. (Dirk W. Oetting, Auftragstaktik. Geschichte und Gegenwart einer Führungskonzeption, Frankfurt a. Main, Bonn 1993, S. 320)

245 Kaufhold, Führung in der Bundeswehr in den 90er Jahren, in: Führungsakademie der Bundeswehr (Hrsg.), Anforderungen an die Innere Führung in den neunziger Jahren, Arbeitstagung vom 04. April bis 06. April 1989, Hamburg 1989, S. 469ff.; 471

246 Ebd., 471

die Zukunft bleibt[247] und auch in den aktuellen Einsatzerfahrungen bestätigt wird.[248]

Schluss

Damit stellt die Auftragstaktik das „militärfachliche“ Pendant zur Konzeption „Innere Führung“ und zum Leitbild des Staatsbürgers in Uniform dar.[249] Folglich ist die Innere Führung zunächst einmal eine nationale deutsche Konzeption, die auf unseren historischen Grundlagen, Erfahrungen und dem Grundgesetz beruht.[250] Gleichzeitig ist die Innere Führung integraler Bestandteil der Gesamtkonzeption militärischer Verteidigung, die damit alle Grundsätze und Grundlagen umfasst, die die Angehörigen der Bundeswehr auf allen Ebenen und in verschiedenen Rollen betreffen: als Staatsbürger, als Angehörige des öffentlichen Dienstes und als Kämpfer; folglich kann Innere Führung nicht einfach mit zeitgemäßer Menschenführung

---

247 Bundesministerium der Verteidigung, Stellungnahme, in: Jahresbericht 1997 der Wehrbeauftragten des Deutschen Bundestages und Stellungnahme des Bundesministerium der Verteidigung, Bonn 20. Mai 1998, S. 180

248 Jürgen Weigt, Wie hält man das aus? Beobachtungen aus dem Afghanistan Einsatz, in: ÖMZ 2009, S. 596ff.

249 Stephan Leistenschneider, Normalangriff oder Freiheit der Form? Die Entstehung der Auftragstaktik im preußisch-deutschen Heer 1887-1914, unveröffentlichte Diplomarbeit an der Universität der Bundeswehr München, Neubiberg 1992, S. 168

250 Ulrich A. Hundt, Die Konzeption der Inneren Führung – Anspruch und Wirklichkeit, Vortrag vor dem Führungslehrgang Wehrverwaltung und Wehrtechnik an der BAKWVT am 20. Januar 1992 in Mannheim, FIZBw, DOKNR: KK 4170, S. 5 f.

erläutert werden.[251] Die Menschenführung im Sinne der Inneren Führung ist Grundlage und Voraussetzung für auftragsorientiertes Handeln in den Streitkräften.[252] Innere Führung muss, um nicht nutzlos zu sein, wie das ganze Führungsdenken auf militärische Effizienz ausgerichtet sein, immer – im Frieden und auch im Krieg. Damit ist Innere Führung „unteilbar". Aus diesem Zusammenhang wird deutlich, dass Auftragstaktik und Innere Führung untrennbar zusammengehören. Innere Führung ist Integrationskonzept und Führungsphilosophie zugleich.[253] Allerdings hat sich die Innere Führung insgesamt auch unter den erschwerten Rekrutierungsmöglichkeiten nach der „Aussetzung" der Allgemeinen Wehrpflicht im Schwerpunkt auf den Kernbereich im Sinne einer umfassenden funktionalen Effizienz und damit auf den „Zweck militärischen Dienens"[254] auszurichten, der

---

251 Hans-Robert Buck, Innere Führung, in: Günter Kirchhoff (Hrsg.), Handbuch zur Ökonomie der Verteidigungspolitik, Regensburg 1986, S. 346ff.; 348

252 Zentrum Innere Führung (Hrsg.), Führungshilfe für Vorgesetzte, Bd. 1, Menschenführung in den Streitkräften, Koblenz 1996, RN 2.1

253 Volker Rühe, Innere Führung heute und in Zukunft, in: Andreas Prüfert (Hrsg.), Innere Führung im Wandel. Zur Debatte um die Führungsphilosophie der Bundeswehr, Baden-Baden 1998, S. 32ff.; 35; vgl. Bundesministerium der Verteidigung, Bericht des Bundesministeriums der Verteidigung zur Anwendung der Konzeption der Inneren Führung oder vergleichbarer Konzeptionen in NATO-Staaten, Bonn 1997, S. 3

254 Vgl. Dirk Freudenberg, Politischer Zweck und militärische Absicht, in: ASMZ, Heft 7/8, 2007, S. 32 f.; vgl. Dirk Freudenberg, Zweck und Ziel militärischer Einsätze und der Wesenskern soldatischen Dienens, in: ASMZ 2007, Heft 6, S. 14f.

nicht Selbstzweck ist, sondern Ausfluss einer politischen Entscheidung der Exekutive und entsprechender parlamentarischer Mandatierung. Dessen müssen sich Soldaten und Gesellschaft, allen voran aber auch die Politik stets gewiss sein. Sie darf nicht der Neigung nachgeben, sich hinter sekundären Gesichtspunkten, pragmatischen Arrangements oder partikularen Interessen zu verschanzen, wenn es um Staatsbürgerlichkeit im Hinblick die Sicherheitsvorsorge der Bundesrepublik Deutschland geht.[255]

---

255 Klaus Naumann, Einsatz ohne Ziel? Die Politikbedürftigkeit des Militärischen, Hamburg 2008, S. 94f.

Literatur

Bagger, Hartmut, Anforderungen an den Offizier des Heeres, Weisung des Inspekteurs des Heeres, Bonn 29.07.1994

Bagger, Hartmut, Führen – Erziehen – Ausbilden, in: Europäische Sicherheit 1998, Heft 2, S. 16ff.

Bahle, Holger, Vertrauen und Gewissen als Elemente einer Ethik des Führens. Ein Beitrag zur systematischen Erschließung der Problemfelder militärischen Führens. Dissertation, Hamburg 1989

Bald, Detlef, Militär und Gesellschaft. Die Bundeswehr der Bonner Republik, Baden-Baden 1994

Barth, Peter, **Pfau**, Günter, **Streif**, Karl, Sicherheitspolitik und Bundeswehr, Frankfurt am Main 1981

Beck, Hans-Christian, Innere Führung 2000 - Eine erfolgreiche Konzeption vor neuen Herausforderungen, in: Uwe Hartmann, Christian Walther (Hrsg.), Der Soldat in einer Welt im Wandel. Ein Handbuch für Theorie und Praxis, München, Landsberg am Lech 1995, S. 193ff.

Beck, Hans-Christian, Ist die Innere Führung als deutsche Führungsphilosophie noch konkurrenzfähig?, in: Andreas Prüfert (Hrsg.), Innere Führung im Wandel. Zur Debatte um die Führungsphilosophie der Bundeswehr, Baden-Baden 1998, S. 40ff.

Beer, Angelika, Von der Inneren Führung zur Kriegsführungsfähigkeit. Der Abschied der Bundeswehr von ihrer Vergangenheit, in: Andreas Prüfert (Hrsg.), Innere Führung im Wandel. Zur Debatte um die Führungsphilosophie der Bundeswehr, Baden-Baden 1998, S. 86f.

Bendel, Lothar, Die Legitimität von Streitkräften im demokratischen Rechtsstaat. Thesen zur Konzeption „Innere Führung“, in: Ludwig Jacob, Heinz-Gerhard Justenhoven (Hrsg.), Wehrstruktur auf dem Prüfstand. Zur Debatte um die neue Bundeswehr, Stuttgart, Berlin, Köln 1998, S. 73ff.

Berg, Wolfhard-Dietrich, Grundlagen für das Verständnis militärischer Führung, in: Wolfhard-Dietrich Berg (Hrsg.), Kooperative Führung. Der Führungsvorgang in militärischen Führungssystemen, Herford 1976, S. 13ff.

Berkhan, Karl Wilhelm, Streitkräfte in der Demokratie, in: Manfred Lahnstein, Hans Matthöfer (Hrsg.), Leidenschaft zur praktischen Vernunft, Helmut Schmidt zum Siebzigsten, Berlin 1989, S. 51ff.

Blank, Theodor, Der europäische Soldat deutscher Nation, in: Bundesministerium der Verteidigung (Hrsg.), Von Himmerod bis Andernach. Schriftenreihe Innere Führung, Beiheft 4/85 zur Information für die Truppe, 1985, S. 108ff.

Blaschke, Peter H., Führen, in: Evangelisches Kirchenamt für die Bundeswehr (Hrsg.), De officio: Zu den ethischen Herausforderungen des Offiziersberufes, Hannover 1985, S. 39ff.

Bultschnieder, Ralf, Eine stärkere Truppe. Grundlagen einer starken und systemkompatiblen menschenorientierten Führungskultur, in: Uwe Hartmann, Meike Strittmatter (Hrsg.), Reform und Beteiligung. Ideen und innovative Konzepte für die Innere Führung in der Bundeswehr, 2. Aufl., Frankfurt am Main 1994, S. 64ff.

Brand, Dieter, Plädoyer für freie Operationen, in: ÖMZ 1998, S. 151 ff.

Bredow, Wilfried von, Die Zukunft der Bundeswehr. Gesellschaft und Streitkräfte im Wandel, Opladen 1995

Broicher, Andreas, „Nebenkriegsschauplatz". Vom Nutzen der Kriegsgeschichte für die Aus- und Weiterbildung des Offiziers, in: Truppenpraxis, 1991, S. 294

Broicher, Andreas, Betrachtungen zum Thema „Führen und Führer", in: Dermot Bradley, Heinz-Ludger Borgert, Wolfram Zeller (Hrsg.), MARS. Jahrbuch für Wehrpolitik und Militärwesen, Jg. 1 (1995), Osnabrück 1995, S. 438ff.

Buck, Hans-Robert, Innere Führung, in: Günter Kirchhoff (Hrsg.), Handbuch zur Ökonomie der Verteidigungspolitik, Regensburg 1986, S. 346ff.

Buck, Robert, Anmerkungen zur preußisch-deutschen Militärgeschichte, in: Kurt Guss (Hrsg.), Der Mensch im Mittelpunkt der Militärökonomie. Festschrift zum fünfundsechzigsten Geburtstag von Günter Kirchhoff, 1987, S. 69ff.

Buck, Robert, Die Furien des Nationalismus – eine Herausforderung für die Europäische Sicherheit, in: Siegfried Schönherr (Hrsg.), Streitkräfte, Ökonomie und Europäische Sicherheit, Dachau 1999, S. 65ff.

Bundesminister der Verteidigung (Hrsg.), Weißbuch 1970. Zur Sicherheit der Bundesrepublik Deutschland und zur Lage der Bundeswehr, Bonn 1970

Bundesminister der Verteidigung, Führungsfähigkeit und Entscheidungsverantwortung in den Streitkräften. Bericht der Kommission des Bundesministers der Verteidigung zur Stärkung der Führungsfähigkeit und Entscheidungsverantwortung in der Bundeswehr vom 31. Oktober 1979

Bundesminister der Verteidigung, HDv 100/100. Truppenführung (TF), Bonn 1998

Bundesminister der Verteidigung, HDv 100/100. Truppenführung (TF), 2. Aufl., Bonn 1987

Bundesminister der Verteidigung, HDv 100/100. Truppenführung von Landstreitkräften (TF), Bonn 2007

Bundesminister der Verteidigung, HDv 100/200, Führungsunterstützung im Heer (TF/FU), Bonn 1998

Bundesminister der Verteidigung, HDV 100/200. Führungssystem der Landstreitkräfte (TF/FüSys), Bonn 2010

Bundesminister der Verteidigung, HDv 100/200. Führungssystem des Heeres (TF/S), Bonn 1972

Bundesminister der Verteidigung, HDv 100/900. Führungsbegriffe (TF/B), Stichwort: Innere Führung, Bonn 1990

Bundesminister der Verteidigung, HDv 100/900. Führungsbegriffe (TF/B), Stichwort: Auftrag, Bonn 1998

Bundesminister der Verteidigung, HDv 100/900. Führungsbegriffe (TF/B), Stichwort: Innere Führung, Bonn 1990

Bundesminister der Verteidigung, HDv 100/900. Führungsbegriffe (TF/B), Stichwort: Allgemeine Aufgaben im Einsatz, Bonn 1990

Bundesminister der Verteidigung, ZDv 10/1, Innere Führung, Bonn 1993

Bundesminister der Verteidigung, ZDv 10/1, Innere Führung. Selbstverständnis und Führungskultur der Bundeswehr, Berlin 2008

Bundesministerium der Verteidigung (Hrsg.), Bestandsaufnahme. Die Bundeswehr an der Schwelle zum 21. Jahrhundert, Bonn 1999

Bundesministerium der Verteidigung, Bericht des Bundesministeriums der Verteidigung zur Anwendung der Konzeption der Inneren Führung oder vergleichbarer Konzeptionen in NATO-Staaten, Bonn 1997

Bundesministerium der Verteidigung, Stellungnahme, in: Jahresbericht 1997 der Wehrbeauftragten des Deutschen Bundestages und Stellungnahme des Bundesministerium der Verteidigung, Bonn 20. Mai 1998

Caspar, Gustav-Adolf, Ethische, politische und militärische Grundlagen der Wehrmacht, in: Hans Poeppel, Wilhelm-Karl Prinz von Preußen, Karl-Günther von Hase (Hrsg.), Die Soldaten der Wehrmacht, München 1998, S. 23ff.

Chef der Heeresleitung (Hrsg.), HDv 300/1, Truppenführung (TF) I. Teil (Abschnitt I-XIII) vom 17.10.33., Nachdruck, Herford 1943

de Maizière, Ulrich, Dienst für das Allgemeinwohl. Anmerkungen zum Berufsbild des Offiziers, in: Truppenpraxis / Wehrausbildung 1999, Heft 9, S. 614ff.

de Maizière, Ulrich, Ein Überblick. Zu Planungen und Vorbereitungen eines westdeutschen Verteidigungsbeitrages – ein Beitrag aus der Sicht eines Mitarbeiters der Dienststelle Blank, in: Bundesministerium der Verteidigung (Hrsg.), Von Himmerod bis Andernach. Schriftenreihe Innere Führung, Beiheft 4/85 zur Information für die Truppe, 1985, S. 13ff.

de Maizière, Ulrich, Entstehung und Grundgedanken des Konzeptes des Staatsbürgers in Uniform, in: Andreas Prüfert (Hrsg.), Innere Führung im Wandel. Zur Debatte um die Führungsphilosophie der Bundeswehr, Baden-Baden 1998, S. 19ff.

de Maizière, Ulrich, Soldatische Führung – heute. Vorträge und Reden zur Aufgabe und Situation der Bundeswehr, Hamburg, Berlin 1966

de Maizière, Ulrich, Soldatische Tugenden und militärische Verantwortung in unserer Zeit, in: Eckart Busch (Hrsg.), Parlamentarische Demokratie. Bewährung und Verteidigung, Heidelberg 1984, S. 239ff.

Deutscher Bundestag, Unterrichtung durch die Wehrbeauftragte, Jahresbericht 1988 (40. Bericht), Drucksache 14/500, 16.03.99

Ditzer, Karl-Heinz, Vergessene Grundlagen der Menschenführung in den Streitkräften? – Zur Korrespondenz von Grundgesetz und Innerer Führung. Einige rechtsphilosophische Erwägungen, in: Klaus Heinen (Hrsg.), Bundeswehr im Umbruch?, München, Mering 1990, S. 28ff.

Elser, Gerhard, Der Gruppenkommandant und die Menschenführung im Gefecht, in: Truppendienst 1995, S. 488ff.

Erler, Fritz, Demokratie in Deutschland, Stuttgart 1965

Erler, Fritz, Heer und Staat in der Bundesrepublik, in: Bundesministerium der Verteidigung (Hrsg.), Schicksalsfragen der Gegenwart. Handbuch politisch-historischer Bildung, 3. Bd., Tübingen 1958; S. 223ff.

Faust, Fritz, Die Rechte des Soldaten im Widerspruch von Freiheit und Gehorsam, in: Wehrkunde 1966, S. 195ff.

Feise, Helmut, **Jonas**, Rainer, Führen mit Auftrag – Auftragstaktik. Die Verantwortung des Truppenführers (1), in: Truppenpraxis 1995, S. 106ff.

Feise, Helmut, **Jonas**, Rainer, Führen mit Auftrag – Auftragstaktik. Die Verantwortung des Truppenführers (2), in: Truppenpraxis 1995, S. 174ff.

Felde, Hans, **May**, Peter, Auftragstaktik oder Befehlstaktik? Lagebedingte Anwendung des jeweiligen Führungsbetriebs erforderlich, in: Truppenpraxis 1981, S. 91ff.

Feldmeyer, Karl, Führung einer kampfbereiten Truppe, in: FAZ vom 01.07.1998, S. 14

Freudenberg, Dirk, Das britische Führungsverständnis unter besonderer Berücksichtigung deutschen Führungsdenkens, in: ÖMZ 2009, S. 61

Freudenberg, Dirk, Die Rezeption deutschen Führungsdenkens im britischen Führungsverständnis unter besonderer Berücksichtigung von „Auftragstaktik" und „Innerer Führung", in: Clausewitzgesellschaft (Hrsg.), Jahrbuch 2009, Hamburg 2009, S. 268ff.

Freudenberg, Dirk, Militärische Führungsphilosophien und Führungskonzeptionen ausgewählter NATO- und WEU-Staaten im Vergleich, Baden-Baden 2005

Freudenberg, Dirk, Politischer Zweck und militärische Absicht, in: ASMZ, Heft 7/8, 2007, S. 32f.

Freudenberg, Dirk, Zweck und Ziel militärischer Einsätze und der Wesenskern soldatischen Dienens, in: ASMZ 2007, Heft 6

Führungsakademie der Bundeswehr, Allgemeine Führungslehre. Teilgebiet Führungsverhalten, Themenkreis: Kurzfassung Führungsverhalten. Allgemeiner Umdruck, Hamburg 1984

Geißler, Rainer, Die Sozialstruktur Deutschlands. Zur gesellschaftspolitischen Entwicklung mit einer Zwischenbilanz zur Vereinigung, 2. Aufl., Bonn 1996

Gertz, Bernhard, Die Entwicklung der Inneren Führung aus der Sicht des Deutschen Bundeswehr-Verbandes, in: Andreas Prüfert (Hrsg.), Innere Führung im Wandel. Zur Debatte um die Führungsphilosophie der Bundeswehr, Baden-Baden 1998, S. 13ff.

Giese, Daniel, Militärische Führung im Internetzeitalter. Die Bedeutung von Strategischer Kommunikation und Social Media für Entscheidungsprozesse, Organisationsstrukturen und Führerausbildung in der Bundeswehr – Analyse und Empfehlung für eine Armee im Einsatz, Berlin 2014

Golla, Karl-Heinz, Führen mit Auftrag (Auftragstaktik), in: Truppenpraxis 1982, S. 21ff.

Goltz, Colmar Frhr. von der, Das Volk in Waffen. Ein Buch über das Heerwesen und Kriegsführung unserer Zeit, 5. Aufl., Berlin 1899

Göricke, Hans-Otto, Ausbildung und Erziehung in der Bundeswehr, in: Lothar Domröse (Hrsg.), Ulrich de Maizière. Stationen eines Soldatenlebens, Herford, Bonn 1982, S. 77ff.

Graf Baudissin, Wolf, Das Innere Gefüge der Streitkräfte, in: Bundesministerium der Verteidigung (Hrsg.), Von Himmerod bis Andernach. Schriftenreihe Innere Führung, Beiheft 4/85 zur Information für die Truppe, 1985, S. 184ff.

Graf Baudissin, Wolf, Die Aufgabe der Friedenssicherung, in: Bundesministerium der Verteidigung (Hrsg.), Von Himmerod bis Andernach. Schriftenreihe Innere Führung, Beiheft 4/85 zur Information für die Truppe, 1985, S. 129ff.

Graf Baudissin, Wolf, Die geistigen Grundlagen einer europäischen Armee, in: Bundesministerium der Verteidigung (Hrsg.), Von Himmerod bis Andernach. Schriftenreihe Innere Führung, Beiheft 4/85 zur Information für die Truppe, 1985, S. 144ff.

Graf Baudissin, Wolf, Soldat in der offenen Gesellschaft, in: Wolfram von Raven (Hrsg.), Armee gegen den Krieg. Wert und Wirkung der Bundeswehr, Stuttgart-Degerloch 1966, S. 286ff.

Großer Generalstab (Hrsg.), Moltkes Militärische Werke, Bd. IV, Kriegslehren, 3. Teil, Berlin 1912

Guth, Ekkehard, Der Soldatenberuf im Wandel der Jahrzehnte, in: Heinrich Walle (Hrsg.), Von der Friedenssicherung zur Friedensgestaltung. Deutsche Streitkräfte im Wandel, Herford, Bonn 1991, S. 35ff.

Harff, Helmut, BG, Kdr DtHKtgt u. NatBefh. i. E., Kommandeurbrief 2/1999, Tetovo, 09.05.1999, S. 2

Harff, Helmut, weiland BG, Kdr DtHKtgt u. NatBefh. i. E. in einem Gespräch mit dem Verf. am 25.08.1999 in Prizren (Kosovo)

Hartmann, Uwe, Innere Führung. Erfolge und Defizite der Führungsphilosophie der Bundeswehr, Berlin 2007

Hättich, Manfred, Kann Verfassungspatriotismus Gemeinschaft stiften?, in: Günter C. Behrmann, Siegfried Schiele (Hrsg.), Verfassungspatriotismus als Ziel politischer Bildung?, Schwalbach 1993, S. 25ff.

Headquarters Department of the Army (Hrsg.), FM 100-5, Operations, Washington, D.C., 5. Mai 1986

Heeresamt Abt. II 1, Kriegsnah ausbilden. Hilfen für den Gefechtsdienst aller Truppen, 1985

Heeresamt Abt. II 1, Üben und Schießen. Hilfen für den Gefechtsdienst, 1986

Hildebrandt, Horst, Führen in modernen Landstreitkräften, in: Kampftruppen 1979, S. 49ff.

Hoffmann, Oskar, Die Beteiligung der Bundeswehr an der Friedensaufgabe der Vereinten Nationen, in: Uwe Hartmann, Christian Walther (Hrsg.), Der Soldat in einer Welt im Wandel. Ein Handbuch für Theorie und Praxis, München, Landsberg am Lech 1995, S. 98ff.

Hoffmann, Oskar, Innere Führung '97 – eine Konzeption zwischen Bewährung und Herausforderung, in: Sicherheit und Frieden 1997, S. 135ff.

Horn, Erwin, Zur Situation der Inneren Führung, in: Hubertus Zuber (Hrsg.), Innere Führung in Staat, Armee und Gesellschaft, Regensburg 1981, S. 75ff.

Huber, Emil, Die Grenzen der Gehorsamspflicht des Soldaten, Dissertation, Göttingen 1973

Hundt, Ulrich A., Die Konzeption der Inneren Führung – Anspruch und Wirklichkeit, Vortrag vor dem Führungslehrgang Wehrverwaltung und Wehrtechnik an der BAKWVT am 20. Januar 1992 in Mannheim, FIZBw, DOKNR: KK 4170

Hundt, Ulrich A., Innere Führung – gut für das Jahr 2000?, in: Mittler-Brief. Informationsdienst zur Sicherheitspolitik Nr. 4/ 4. Quartal 1992, S. 1ff.

Ilsemann, Carl-Gero von, Die Bundeswehr in der Demokratie. Zeit der Inneren Führung, Hamburg 1971

Inspekteur des Heeres (Hrsg.), Gedanken zu Fragen der Operationsführung im deutschen Heer. Herausgegeben zur Truppenführerreise 1998, 1999

Isensee, Josef, Das Recht und die Freiheit des deutschen Volkes. Legitimation und Schutzgut der Bundeswehr, in: Dieter Wellershoff (Hrsg.), Frieden ohne Macht? Sicherheitspolitik und Streitkräfte im Wandel, Bonn 1991, S. 61ff.

Jacob, Ludwig, **Justenhoven**, Heinz-Gerhard, Einleitung, in: Ludwig Jacob, Heinz-Gerhard Justenhoven (Hrsg.), Wehrstruktur auf dem Prüfstand. Zur Debatte um die neue Bundeswehr, Stuttgart, Berlin, Köln 1998, S. 5ff.

Kaufhold, Führung in der Bundeswehr in den 90er Jahren, in: Führungsakademie der Bundeswehr (Hrsg.), Anforderungen an die Innere Führung in den neunziger Jahren, Arbeitstagung vom 04. April bis 06. April 1989, Hamburg 1989, S. 469ff.

Kügler, Eckehard, „Werde Leiter Deines inneren Teams". Führungskräftetraining an der Führungsakademie der Bundeswehr, in: Truppenpraxis 1993, S. 258ff.

Lang, Stefan J., Internationale Einsätze der Bundeswehr unter rechtlichen, politischen und militärischen Gesichtspunkten, Dissertation, Augsburg 1997

Langheld, Wolf-Dieter, weiland O und Kdr Pz-Brig 21, vormals Chef des Stabes MND (C) in einem Gespräch mit dem Verf. am 11.06.1999 in Augustdorf

Lätsch, Daniel, Führungstechnik. Teil 1, in: ASMZ 1995, Heft 3, S. 24

Leistenschneider, Stephan, Normalangriff oder Freiheit der Form? Die Entstehung der Auftragstaktik im preußisch-deutschen Heer 1887-1914, unveröffentlichte Diplomarbeit an der Universität der Bundeswehr München, Neubiberg 1992

Leistenschneider, Stephan, Auftragstaktik im preußisch-deutschen Herr 1871 bis 1914, Hamburg, Berlin, Bonn 2002

Lidsba, Achim, „Führen durch Auftrag" als Norm und Form der Führung im Heer, im Frieden wie im Krieg – Tendenzen des „Führen mit Auftrag" in Gegenwart und Zukunft, Jahresarbeit an der Führungsakademie der Bundeswehr, Hamburg 1987

Loquai, Heinz, Die Auftragstaktik als militärische Führungskonzeption, in: Truppenpraxis 1980, S. 443ff.

Löser, Wolf-Dieter, weiland BG, General der Infanterie und Schulkommandeur der Infanterieschule in einem Gespräch mit dem Verf. am 21.06.1999 in Hammelburg

Luthmer, Peer, weiland OTL und Kdr FschJgBtl KFOR in einem Gespräch mit dem Verf. am 10.10.1999 in Prizren (Kosovo)

Manstein, Erich von, Verlorene Siege. Erinnerungen 1939 – 1944, 13./14. Aufl., Bonn 1993

Manstein, Rüdiger von, **Fuchs**, Theodor (Hrsg.), Erich von Manstein. Soldat im 20. Jahrhundert. Militärisch-politische Nachlese, 2. Aufl., Koblenz 1983

Marienfeld, Claire, Zivilcourage – Bürgermut, in: Truppenpraxis/Wehrausbildung 1999, Heft 4, S. 231ff.

Mellinger, Bruno, Menschenführung im Gefecht – Ernstfall Frieden, in: Führungsakademie der Bundeswehr (Hrsg.), Anforderungen an die Innere Führung in den neunziger Jahren, Arbeitstagung vom 04. April bis 06. April 1989, Hamburg 1989, S. 344ff.

Micewski, Edwin R., Streitkräfte und gesellschaftlicher Wertewandel. Zu den gesellschaftspolitischen und militärsoziologischen Aspekten der Sicherheitspolitik, in: ÖMZ 1995, S. 251ff.

Millotat, Christian, Das deutsche Heer auf dem Weg in die Zukunft, in: Rissener Rundbrief 1999, Heft 2/3, S. 21ff.

Millotat, Christian, Das Deutsche Heer auf dem Weg in die Zukunft. Die sicherheitspolitische Lage und ihre Folgen für die Bundeswehr, in: ÖMZ 1998, S. 391ff.

Millotat, Christian, Gedanken zur Gefechtstüchtigkeit, in: Truppenpraxis 1987, S. 180ff.

Millotat, Christian, Phänomene, die auf das Führen im Heer Einfluß gewinnen, in: Truppenpraxis 1986, S. 135ff.

Millotat, Christian, Zur Entwicklung des militärischen preußisch-deutschen Führungsdenkens. Das preußisch-deutsche Generalstabssystem, Ulm 1989

Moerchel, Michael, Innere Führung 2000 – Die Zukunft gestalten, in: Heinrich Walle (Hrsg.), Von der Friedenssicherung zur Friedensgestaltung. Deutsche Streitkräfte im Wandel, Herford, Bonn 1991, S. 319ff.

Moltke, Helmuth von, Memoire an seine Majestät den König vom 25. Juli 1868 über die aus der Bearbeitung des Feldzuges 1866 hervorgetretenen Erfahrungen, in: Großer Generalstab (Hrsg.), Moltkes Taktisch-Strategische Aufsätze aus den Jahren 1857 bis 1871, S. 74ff.

Morsey, Rudolf, **de Maizière**, Ulrich, **Schössler**, Dietmar, Bundeswehr, in: Görres-Gesellschaft (Hrsg.), Staatslexikon. Recht. Wirtschaft. Gesellschaft, 7. Aufl., Freiburg, Basel, Wien 1995, Bd. 1, Spalte 1024ff.

Moser, Otto von, Ausbildung und Führung des Bataillons und Regiments. Gedanken und Vorschläge, 3. Aufl., Berlin 1912

Naumann, Klaus, Weder Ideologie noch Quasi-Theologie. Die neue ZDv 10/1 „Innere Führung“, in: IFDT 1993, Heft 4, S. Iff.

Naumann, Klaus, Einsatz ohne Ziel? Die Politikbedürftigkeit des Militärischen, Hamburg 2008

Nelsen, John T., Auftragstaktik. Argumente für die zentrale Gefechtsführung, Originaltitel: Auftragstaktik: A Case for Decentralized Battle, in: Parameters 1987, Heft 3, S. 21ff., FIZBw, DOKNR: DD 2365

Oetting, Dirk W., Auftragstaktik. Geschichte und Gegenwart einer Führungskonzeption, Frankfurt a. Main, Bonn 1993

Oetting, Dirk W., Die Grundlagen der Auftragstaktik und die Zulässigkeit eines Abweichens vom Auftrag, in: Führungsakademie der Bundeswehr (Hrsg.), Führen mit Auftrag. Führungsseminar vom 24.–27.11.1998 in Hamburg, S. 31ff.

Ortenburg, Georg, Waffe und Waffengebrauch im Zeitalter der Millionenheere, in: Georg Ortenburg (Hrsg.), Heerwesen der Neuzeit, Abteilung V, Das Zeitalter der Millionenheere, Bd. 1, Bonn 1992

Ottmer, Hans-Martin, Die Entwicklung deutscher Sicherheitspolitik und die Geschichte der Bundeswehr 1945-1992, Berlin, Bonn, Herford 1993

Pikart, Eberhart, Militär, in: Görres-Gesellschaft (Hrsg.), Staatslexikon. Recht. Wirtschaft. Gesellschaft, Bd. 3, 7. Aufl., Freiburg, Basel, Wien 1995, Spalte 1151ff.

Preuß, Helmut, Was ist Innere Führung? Kritische Bemerkungen und Lösungsvorschläge, in: Wehrwissenschaftliche Rundschau 1976, S. 150ff.

Raesfeld, Werner von, Führen durch Auftrag oder bindenden Befehl?, in: Wehrkunde 1960, S. 165ff.

Rautenberg, Hans-Jürgen, **Wiggershaus**, Norbert, Die „Himmeroder Denkschrift“ vom Oktober 1950. Politische und militärische Überlegungen für einen Beitrag der Bundesrepublik Deutschland zur westeuropäischen Verteidigung, Karlsruhe 1977

Reeb, Hans-Joachim, Legitimation von Streitkräften. Entwicklungslinien im historischen Vergleich, in: Reader Sicherheitspolitik: Die Bundeswehr vor neuen Aufgaben 1998, Heft 10, S. 2ff.

Reichardt, Jürgen, Auftragstaktik und Dienstaufsicht. Zwei Seiten derselben Medaille, in: Truppendienst 1998, S. 307ff.

Reichardt, Jürgen, Ein Beispiel geben. Grundzüge der Auftragstaktik und der Dienstaufsicht in der Bundeswehr, in: FAZ vom 26.03.1998, S. 14

Reichswehrministerium, D.V. Pl. Nr. 487. Führung und Gefecht der verbundenen Waffen (F. u. G.), Berlin 1921, HDv. 478. (F.u.G.), Neudruck der Ausgabe 1921 – 1924, Osnabrück 1994

Rexhausen, Ralph, Das Führungskonzept in den Streitkräften am Beispiel des Heeres – Analyse und Empfehlungen, Diplomarbeit an der Hochschule der Bundeswehr, Hamburg 1979, FIZBw, DOKNR: RB 1241

Riechmann, Friedrich, weiland GM, Kdr DtHKtgt u. NatBefh. i. E. in einem Gespräch mit dem Verf. am 21.09.1999 in Prizren (Kosovo)

Rosen, Claus Frhr. von, Militär, Führung im, in: Alfred Kieser, Gerhard Reber, Rolf Wunderer (Hrsg.), Handwörterbuch der Führung, Stuttgart 1987, Spalte 1448ff.

Rosen, Claus von, Veränderungsmanagement und Innere Führung aus Sicht von Baudissin, in: Uwe Hartmann, Claus von Rosen, Christian Walter (Hrsg.), Jahrbuch Innere Führung 2012. Der Soldatenberuf im Spagat zwischen gesellschaftlicher Integration und sui generis Ansprüchen, Berlin 2012, S. 184ff.

Roth, Günter, Das Verhältnis von Politik und Kriegführung in der Militär- und Kriegsgeschichte – eine Einführung, in: Hans-Martin Ottmer, Heiger Ostertag (Hrsg.), Ausgewählte Operationen und ihre militärhistorischen Grundlagen, Herford, Bonn 1993, S. 9ff.

Roth, Günter, Menschenwürde und Menschenrechte in deutschen Streitkräften. Eine Problemskizze, in: Heinrich Walle (Hrsg.), Von der Friedenssicherung zur Friedensgestaltung. Deutsche Streitkräfte im Wandel, Herford, Bonn 1991, S. 211ff.

Rühe, Volker, Innere Führung heute und in Zukunft, in: Andreas Prüfert (Hrsg.), Innere Führung im Wandel. Zur Debatte um die Führungsphilosophie der Bundeswehr, Baden-Baden 1998, S. 32ff.

Rümmer, Heinrich O., Einleitung. Die Konzeption der inneren Führung. Einführende Bemerkungen, in: Heinrich O. Rümmer (Hrsg.), Innere Führung im Meinungsstreit, 2. Aufl., Großhesselohe 1984, S. 7ff.

Schall, Wolfgang, Führungsgrundsätze in Armee und Industrie (I), in: Wehrkunde 1965, Heft 1, S. 10ff.

Scheel, Friedrich Karl, Menschenwürde der deutschen Wehrgeschichte, in: Evangelisches Kirchenamt für die Bundeswehr (Hrsg.), Streitkräfte im Wandel. Soldat – Schutzmann für den Frieden, Hannover 1990

Scheven, Werner von, Die Entstehungsgeschichte der Heeresdienstvorschriften „Truppenführung" (TF) von 1933 bis heute, in: Truppenpraxis 1974, S. 352ff.

Schreiber, Jürgen, Innere Führung und Recht, in: NZWehrr 1990, S. 69ff.

Schriever, Manfred, Im Frieden für den Ernstfall ausbilden: - Die Ausbildung zum Führen im Gefecht, in: Impulse 1993, FIZBw, DOKNR: BC 0039

Schwier, Cord, Über die gemeinsamen Wurzeln von Auftragstaktik und Innerer Führung, in: Führungsakademie der Bundeswehr (Hrsg.), Führen mit Auftrag. Führungsseminar vom 24.–27.11.1998 in Hamburg, S. 6ff.

Seethaler, Frank A., Zeitgemäße Führung in Armee und Unternehmung, in: ASMZ 1982, S. 377ff.

Seifert, Ruth, Militär – Kultur – Identität. Individualität, Geschlechterverhältnisse und die soziale Konstruktion des Soldaten, Bremen 1996

Spreen, Dierk, Digitalisierung und Innere Führung, in: Uwe Hartmann, Claus von Rosen, Jahrbuch Innere Führung 2014, Drohnen, Roboter und Cyborgs – Der Soldat im Angesicht neuer Militärtechnologien, Berlin 2014, S. 46ff.

Steiger, Rudolf, Der Offizier als Ausbilder, Führer und Erzieher, in: Truppendienst 1988, S. 18ff.

Steiger, Rudolf, Menschenorientierte Führung. Anregungen für zivile und militärische Führungskräfte, 10. Aufl., Frauenfeld 1997

Steiger, Rudolf, **Zwygart**, Ulrich, Militärpädagogik. Ein Leitfaden für militärische Ausbilder und Führer, Frauenfeld 1994

Stein, Horst, Auswirkungen von Veränderungen im humanitären Völkerrecht. Von Einflüssen der Rechtsnormen anderer Armeen und Erfahrungen aus internationalen Einsätzen auf die Inhalte der Inneren Führung, in: Andreas Prüfert (Hrsg.), Innere Führung im Wandel. Zur Debatte um die Führungsphilosophie der Bundeswehr, Baden-Baden 1998, S. 72ff.

Stein, Peter, Führen durch Auftrag, in: Truppenpraxis 1985, Beiheft 1, S. 8

Stockfisch, Dieter, Menschenführung in Frieden, Krise und Krieg, Hamburg, Berlin, Bonn 1997

Storbeck, Siegfried, Mitdenken in geistiger Beweglichkeit. Ein Divisionskommandeur an seine Kommandeure, in: Europäische Wehrkunde – Wehrwissenschaftliche Rundschau 1985, S. 608ff.

Sutor, Bernhard, Verfassungspatriotismus – Brücke zwischen Nationalbewußtsein und universaler politischer Ethik, in: Günter C. Behrmann, Siegfried Schiele (Hrsg.), Verfassungspatriotismus als Ziel politischer Bildung?, Schwalbach 1993, S. 36ff.

Uhle-Wettler, Franz, Auftragstaktik, Abschrift eines Vortrages bei der GfW am 21.05.1997 in Münster

Uhle-Wettler, Franz, Auftragstaktik, in: Dermot Bradley, Heinz-Ludger Borgert, Wolfram Zeller (Hrsg.), MARS. Jahrbuch für Wehrpolitik und Militärwesen, Jg. 1 (1995), Osnabrück 1995, S. 422ff.

Uhle-Wettler, Franz, Auftragstaktik, in: Truppenpraxis 1992, S. 131ff.

Vad, Erich, Carl von Clausewitz – Eine militärische Lehre. Untersuchungen zur Bedeutung Clausewitz' für die Truppenführung von heute, Dissertation, Münster (Westf.) 1983

Vad, Erich, weiland OTL i.G. Dr., bei BMVg FüS III 1 in einem Gespräch mit dem Verf. am 20.04.1999 in Bonn

Wachtler, Günther, Militärische Realitätsdeutung, in: Vierteljahresschrift für Sicherheit und Frieden 1985, Heft 3, S. 2ff.

Walle, Heinrich, Tradition – Floskel oder Form? Neue Wege zu alten Werten, in: Heinrich Walle (Hrsg.), Von der Friedenssicherung zur Friedensgestaltung. Deutsche Streitkräfte im Wandel, Herford, Bonn 1991, S. 233ff.

Walter, Bernd, Führen durch Auftrag. Anmerkungen zu einem Prinzip, in: ASMZ 1989, S. 19ff.

Walz, Dieter, Die rechtlichen Grundlagen der Konzeption der Inneren Führung, in: Heinrich O. Rümmer (Hrsg.), Innere Führung im Meinungsstreit, 2. Aufl., Großhesselohe 1984

Walz, Dieter, Fragen an die Begründer der Inneren Führung, in: Dieter Walz (Hrsg.), Drei Jahrzehnte Innere Führung: Grundlagen, Entwicklungen, Perspektiven, Baden-Baden 1987, S. 15ff.

Weigt, Jürgen, Wie hält man das aus? Beobachtungen aus dem Afghanistan Einsatz, in: ÖMZ 2009, S. 596ff.

Wellershoff, Dieter, Benötigt wird der Wille zum Führen, in: DIE WELT vom 18.03.1997, S. 4

Wellershoff, Dieter, Führen mit Auftrag „Unverzichtbare Kernelemente, Grenzen und Versuchungen“, in: Führungsakademie der Bundeswehr (Hrsg.), Führen mit Auftrag. Führungsseminar vom 24.–27.11.1998 in Hamburg, S. 51ff.

Wellershoff, Dieter, Führen. Wollen, Können, Verantworten, Bonn 1997, S. 80

Willmann, Helmut, Leadership. Der militärische Führer im Einsatz – Forderungen für Erziehung und Ausbildung im Heer, Denkschrift des Inspekteurs des Heeres, Bonn 25.06.1998

Wipfelder, Hans-Jürgen, Wehrrecht in der Bundesrepublik Deutschland, Regensburg 1991

Wiesendahl, Elmar, Zur Aktualität der Inneren Führung von Baudissin für das 21. Jahrhundert, in: Elmar Wiesendahl (Hrsg.), Innere Führung für das 21. Jahrhundert. Die Bundeswehr und das Erbe Baudissins, Paderborn, München, Wien, Zürich 2007, S. 11ff.;

Wiesendahl, Elmar, Was bleibt und was sich ändern muss an einer Inneren Führung für das 21. Jahrhundert, in: Elmar Wiesendahl (Hrsg.), Innere Führung für das 21. Jahrhundert. Die Bundeswehr und das Erbe Baudissins, Paderborn, München, Wien, Zürich 2007, S. 155ff.

Witt, Dieter, Delegation, in: Günter Kirchhoff (Hrsg.), Handbuch zur Ökonomie der Verteidigungspolitik, Regensburg 1986, S. 192ff.

Wolf, Ulrich, Vernetzte Operationsführung – Das Ende der der Auftragstaktik?, in: Helmut R. Hammerlich, Uwe Hartmann, Claus von Rosen (Hrsg.), Jahrbuch Innere Führung 2010. Die Grenzen des Militärischen, Berlin 2010, S. 88f.

Zedler, Roland, Planungs- und Führungssystem, in: Hubert Reinfried, Hubert F. Walitschek (Hrsg.), Die Bundeswehr – eine Gesamtdarstellung, Bd. 7, Regensburg 1978

Zentrum Innere Führung (Hrsg.), Führungshilfe für Vorgesetzte, Bd. 1, Menschenführung in den Streitkräften, Koblenz 1996

Zentrum Innere Führung, Innere Führung ist unteilbar. Zur Praxis der Inneren Führung in Frieden, Krieg und Krise, FIZBw, DOKNR: KK 1046

Carola Hartmann Miles-Verlag

Politik, Gesellschaft, Militär

Uwe Hartmann, *Innere Führung. Erfolge und Defizite der Führungsphilosophie für die Bundeswehr,* Berlin 2007.

Dieter E. Kilian, *Politik und Militär in Deutschland. Die Bundespräsidenten und Bundeskanzler und ihre Beziehung zu Soldatentum und Bundeswehr,* Berlin 2011.

Hans Joachim Reeb, *Sicherheitskultur als kommunikative und pädagogische Herausforderung – Der Umgang in Politik, Medien und Gesellschaft, Berlin 2011.*

Hans-Christian Beck, Christian Singer (Hrsg.), *Entscheiden – Führen – Verantworten. Soldatsein im 21. Jahrhundert,* Berlin 2011.

Eberhard Birk, Winfried Heinemann, Sven Lange (Hrsg.), *Tradition für die Bundeswehr. Neue Aspekte einer alten Debatte,* Berlin 2012.

Ingo Wittmann, *Auftragstaktik,* Berlin 2012.

Angelika Dörfler-Dierken, *Führung in der Bundeswehr,* Berlin 2013.

Cornelia Fedtke, Kai-Uwe Hellmann, Jan Hörmann, *Migration und Militär. Zur Integration deutscher Soldaten mit Migrationshintergrund in der Bundeswehr,* Berlin 2013.

Torsten Konopka, *Afrikanische Wehrsysteme und ihre Entwicklung zwischen 1990/91 und 2011,* Berlin 2014.

Wolf Graf von Baudissin, *Grundwert Frieden in Politik – Strategie – Führung von Streitkräften,* hrsg. von Claus von Rosen, Berlin 2014.

Wolf Graf von Baudissin, *Der Widerstand. „... um nie wieder in die auswegslose Lage zu geraten...",* hrsg. von Claus von Rosen, Berlin 2014.

Uwe Hartmann, *War without Fighting? The Reintegration of Former Combatants in Afghanistan seen through the Lens of Strategic Thought,* Berlin 2014.

Marcel Bohnert, Lukas J. Reitstetter (Hrsg.), *Armee im Aufbruch. Zur Gedaneknwelt junger Offiziere in den Kampftruppen der Bundeswehr,* Berlin 2014.

Reihe: Jahrbuch Innere Führung

Uwe Hartmann, Claus von Rosen, Christian Walther (Hrsg.), *Jahrbuch Innere Führung 2009. Die Rückkehr des Soldatischen,* Eschede 2009.

Helmut R. Hammerich, Uwe Hartmann, Claus von Rosen (Hrsg.), *Jahrbuch Innere Führung 2010. Die Grenzen des Militärischen,* Berlin 2010.

Uwe Hartmann, Claus von Rosen, Christian Walther (Hrsg.), *Jahrbuch Innere Führung 2011. Ethik als geistige Rüstung für Soldaten,* Berlin 2011.

Uwe Hartmann, Claus von Rosen, Christian Walther (Hrsg.), *Jahrbuch Innere Führung 2012. Der Soldatenberuf zwischen gesellschaftlicher Integration und suis generis-Ansprüchen,* Berlin 2012.

Uwe Hartmann, Claus von Rosen (Hrsg.), *Jahrbuch Innere Führung 2013. Wissenschaften und ihre Relevanz für die Bundeswehr als Armee im Einsatz,* Berlin 2013.

Uwe Hartmann, Claus von Rosen (Hrsg.), *Jahrbuch Innere Führung 2014. Drohnen, Roboter und Cyborgs – Der Soldat im Angesicht neuer Militärtechnologien,* Berlin 2014.

Reihe: Standpunkte und Orientierungen (herausgegeben von Uwe Hartmann)

Daniel Giese, *Militärische Führung im Internetzeitalter – Die Bedeutung von Strategischer Kommunikation und Social Media für Entscheidungsprozesse, Organisationsstrukturen und Führerausbildung in der Bundeswehr,* Berlin 2014.

Dirk Freudenberg, *Feststellungen und Anmerkungen zur Frage nach Bedeutung und Verhältnis des inneren Gefüges und der Auftragstaktik unter den Bedingungen des Einsatzes der Deutschen Bundeswehr,* Berlin 2014.